どうなんだろう？
親鸞聖人の教えQ&A

内藤 知康
Naito Tomoyasu

本願寺出版社

どうなんだろう？
親鸞聖人の教えQ＆A

目次

※本文中、『浄土真宗聖典（註釈版）第二版』（本願寺出版社）の引用は『註釈版聖典』、『浄土真宗聖典（註釈版）七祖篇』（本願寺出版社）の引用は『註釈版聖典（七祖篇）』と略記しています。

はじめに

本書は、「本願寺新報」に二〇一五年四月一日号から二〇一六年三月二十日号まで三十三回にわたって連載された「内藤和上の紙上ご示談」を一冊にまとめたものです。示談という言葉は、現在は「争いを裁判によらずに当事者同士の話し合いで解決すること」という意味でつかわれ、辞書にもそのように記載されています。しかし、示談とはもともと話し合いという意味で、質問に対して回答者が会場で答えるという形の「法義示談」が、現在本願寺でおこなわれています。上に法義という言葉が付いているように、親鸞聖人の教えについての質問と答えという話し合いです。話し合いという意味からすれば、質問者がまた回答に対して質問できるという形がいいのでしょうが、限られた時間内に多くの質問に答えなくてはいけないので、質問に対する回答という形のみで終わっています。

その法義示談の形式を「本願寺新報」の紙上でおこなったのが、紙上ご示談です。まとめて書物にするにあたって、「ご示談」という言葉を用いると多くの人々には内容が想像しにくいだろうと思い、内容を端的にあらわす書名にしました。

法義示談は、本願寺内の会場まで足を運ばないといけないのですが、直接会場に来て質問に対する回答を聞くことができない人のために、どのような質問にどのように答えるのかということを多くの読者に読んでもらいたいという意図での紙上ご示談です。質問も自分で考えなくてはならないときも多く、「本願寺新報」は月に三回の発行ですので、毎月三つの質問を考えるのは、結構大変でした。

本書は気軽に読んでいただくことをめざしています。本書によって、親鸞聖人の教えのいろいろな面に触れていただければ幸せです。

二〇一九（令和元）年　六月

内藤　知康

Q 1

「聞法」は救いの条件？

浄土真宗は「無条件のお救い」ということを時々耳にしますが、法を聞かねば救われないと思います。聞法は救いの条件ではないのでしょうか。

A

他力の法義を示す表現として不適切

「無条件の救い」ということについては、二つの面から考えることができます。まず、阿弥陀仏がどのように救うのかという面から考えますと、阿弥陀さまは、何か条件を設けて、この条件を満足したものを救おうとされているのではありません。

ご本願には信心と念仏とが誓われていて、『歎異抄』には「本願《ほんがん》を信《しん》じ念仏《ねんぶつ》を申《もう》さば仏《ぶつ》に成《な》る」（『註釈版聖典』八三九頁）と述べられていますが、これを私が信じて念仏するのに応じて、阿弥陀さまは私を救ってくださると受けとめるのは誤りです。信心も念仏も、阿弥陀さまのはたらきで私の上に成り立つものですから、阿弥陀さまは「信じさせて念仏させて救おう」とされています。

私たちが信じて念仏するのは、すでに阿弥陀さまの救いのはたらきの中にあるということなのです。それは、命終《いのちお》われば阿弥陀さまの浄土に生まれてこの上もないさとりをひらくという必然の流れの中にあるということでもあります。

次に、私たちのいただき方という面から考えますと、阿弥陀さまは「信じさせて念仏させて救う」ために、私たちに対して「そのままでいいから私にまかせなさい」と喚《よ》びかけてくださいます。「そのままでいいから」という喚びかけを「このままでいいのだ」といただくのが無条件の救いという意味です。言い換えますと、救ってもらうために私が変わる必要がないということなのです。

親鸞聖人は信心を無疑心《むぎしん》といわれますが、疑心とは自力心のことです。

そして、自力心とは自分自身をあてにし、たよりにすることです。言い換えますと、自分の持っているもの、自分のえたものを、あてにし、たよりにし、「私がこうなったから救われる」とか、「私にはこれがあるから救われる」というのが自力心であるということができます。

私たちの先輩は、「ご本願を聞いてたしかになるのではない。たしかなご本願を聞くのである」とおっしゃいました。

「私は本当にたしかになったんだろうか、まだたしかになっていないのではないだろうか、どうすればたしかになることができるのだろうか」と私ばかりを見つめていてもダメだという意味でしょう。

たしかになることができない私をそのままおまかせするのが浄土真宗の信心だということができます。しかし、私がまかせたから救われると思ってしまうと、私の手柄によって救われるということになってしまいます。

たしかに、聞法がないと救われないのですが、聞法を救いの条件というのは、私が聞いたからこそ救われるとなりがちですのでよくないでしょう。聞法も阿弥陀さまのはたらきによるのであり、また、法を聞いたことをあてにし、たよりにするのではなく、聞いた法をあてにし、たよりにするのですから、聞法を救いの条件とするというのはご法義の表現として不適切であると思われます。

ポイント

「聞いたから」は自力
自分でなく法をたよりに

Q 2

「いのり」は使わない言葉？

「浄土真宗は祈り無き宗教」だと思いますが、ある著名な先生は「いのり」という言葉を使われていました。「いのり」についてご教示ください。

A

利他的な願い事も否定されるみ教え

この問題のポイントは、「いのり」という言葉がどのような意味で使われているのかということです。つまり、「浄土真宗は祈り無き宗教」という時の「いのり(祈り)」という言葉の意味と、質問にある先生が「いのり」という言葉を使われた時の「いのり」という言葉の意味とを明らかにしなければなりません。

まず、「浄土真宗は祈り無き宗教」というのは、浄土真宗においては、私たちの方から阿弥陀さまに対して、何かをお願いしたり、何かを請《こ》い求めたりするということはないという意味です。つまり、「いのり(祈り)」という言葉を、神仏に何かをお願いするという意味にとって、「浄土真宗は祈り無き宗教」だといわれるのです。

たとえば初詣《はつもうで》で「どうか一年間災難にあうことなく過ごせますように」とお祈りしたり、入試のシーズンに、「どうか希望の大学の入学試験に合格しますように」とお祈りしたり、高校野球の試合前などで、「どうか今日の試合で勝利を手にすることができますように」とお祈りしたりすることが日常的に行われているようですが、浄土真宗では阿弥陀さまが安置されているお仏壇に向かって、そのようにお願いするものではないですよということを表現するために、「浄土真宗は祈り無き宗教」というのです。

そもそも仏教では利己的な欲望は否定されます。初詣で「どうか一年間大きな災難にあうことなく過ごせますように」とお祈りすることについていえば、この願いは今年限りのものではないでしょう。次の年の初詣も、その次の年の初詣もというように毎年の願いであるはずです。この願いがかなえられるとするならば、永久に大過なく過ごしていけることになるのですが、そのようなことはありえません。

また、「どうか希望の大学の入学試験に合格しますように」とお祈りすることについていえば、大学入試というのは、ある意味、競争試験ですから、私が合格することによって、他の誰かが不合格になるということもおこってきます。高校野球の試合前の祈りでは、自チームの勝利を祈るということは、相手チームの敗戦を祈るということになるでしょう。このような利己的な祈りは仏教では否定されるでしょう。

では、利他的な祈りならいいのかというと、一般的にはいいのでしょうが、浄土真宗では利他的な祈りも許されません。なぜなら、親鸞聖人の教えは、私たちが阿弥陀さまにはたらきかけるのではなく、私たちは阿弥陀さまのはたらきかけを受けるだけであるというものであるからです。

最後に、質問の先生が使っておられる「いのり」という言葉は、何かを願い求めるという意味ではないと思われます。しかし、一般的に「いのり」という言葉は、神仏に何かを願い求めるという意味で使われていますので、誤解を避けるために「浄土真宗は祈り無き宗教」という表現を今後も大事にしてゆくべきでしょう。

ポイント

仏のはたらき受けるのみ
大事な表現「祈り無き宗教」

Q 3

「また会える世界」ではない？

浄土真宗の教えでは、命終わってお浄土に生まれ、そこで先だってゆかれた懐かしい方々に再会できると日頃から聞いていたのですが、ある先生が「また会える世界」としてお浄土をとらえるのは間違いだと言われました。懐かしい方と会えないのだろうかと悩んでいます。どうなのでしょうか。

A 私たちは聖人が待つ浄土へ生まれてゆく

親鸞聖人は、お手紙の中で「かならずかならず一《ひと》つところへまゐりあふべく候《そうろ》ふ」(『註釈版聖典』七七〇頁)とおっしゃっておられます。このお言葉は、亡くなられた覚念房《かくねんぼう》というお弟子について、聖人ご自身と領解《りょうげ》が同じであると述べられた後に続けられています。つまり、領解が同じ人は、同じ浄土に生まれてゆくということです。

また、『教行信証』の中には、自力によって生まれてゆく浄土は、みな違う浄土だと示されています。逆に考えると、他力によって生まれてゆく浄土は同じ浄土だということになります。

自力によって生まれてゆく浄土はみな違う浄土だというのは、浄土へ生まれてゆくための原因、つまり行う修行や積み重ねる善根《ぜんごん》が一人一人違うので、得られる結果も違うということを意味しています。それに対して、他力による往生は、みな同じ本願力という原因によるのですから同じ結果を得る、つまり同じ浄土に生まれてゆくということになるのです。原因が違えば結果も違い、原因が同じであれば結果も同じであるということです。

さて、「また会える世界」としてお浄土をとらえるのは間違いだといわれる方は、親鸞聖人の「一つところへまゐりあふ」とのお言葉をどう考えておられるのでしょうか。往々《おうおう》にしてみられるのは、『教行信証』などの漢文で書かれた書物に比べて、お手紙などは相手にあわせた次元の低い説き方がされているという理解です。

しかし、これはとんでもない理解と言うべきでしょう。親鸞聖人という方は、相手にあわせて次元の低い教えを説かれるような方ではありません。聖人は、法然聖人の「浄土宗の人は愚者になりて往生す」というお言葉を出され、法然聖人が、学問は無いがお念仏を喜んでいる人を見て間違いなく浄土に生まれてゆくだろうと喜ばれ、逆に学問を鼻にかけている人を見て果たして浄土に生まれてゆくことができるかどうかといわれたというエピソードを紹介しておられます。

『正像末和讃《しょうぞうまつわさん》』の

　よしあしの文字《もんじ》をもしらぬひとはみな　まことのこころなりけるを
　善悪《ぜんあく》の字《じ》しりがほは　おほそらごとのかたちなり
　（『同』六二二頁）

という一首も同じ意味でしょう。

漢文で書かれた書物に比べて、お手紙などには次元の低い教えが説かれているというのは、漢文の読めない人は次元の低い教えにしか触れることができないが、漢文を読むことのできる自分は次元の高い教えが理解できるという傲慢《ごうまん》な姿勢であり、親鸞聖人が「おほそらごとのかたち」といわれ、最も嫌われた姿勢でしょう。

親鸞聖人は、またお手紙に、「この身《み》は、いまは、としきはまりて候《そうら》へば、さだめてさきだちて往生《おうじょう》し候《そうら》はんずれば、浄土《じょうど》にてかならずかならずまちまゐらせ候《そうろ》ふべし」（『同』七八五頁）と述べられています。私たちは、聖人の待っていてくださる浄土に生まれてゆくのです。

ポイント

他力の人は同じ浄土に
親鸞聖人「一つところへ」

Q 4

この世と浄土、二元論はダメ？

あるところで、仏教は一元論、つまり一切を区別せず一つとして見るので、私が阿弥陀さまを仰ぎ見るとか、この世界とは別に浄土があるとかという二元論的な理解は間違いだといわれました。どう考えればいいのかわかりません。ご教示下さい。

A

「一元論が正しい」も「二元論」でしかない

　仏教ではもののあり方を水と波とにたとえます。波は出来あがってから壊れるまでさまざまに形を変え、また全く同じ形をした波はなく、みな違う形をしています。みな違う形をしている波ですが、みな同じ水です。私たち一人一人は、顔つきも体つきも、またものの考え方や受け止め方も違っていますが、本質はみな同じなのです。つまり、一切のもののあり方は、みな違っているままでみな同じであるということになります。

　仏教で一切を区別せず一つとしてみるというのは、波は一つ一つ違う形をしているが水で出来あがっているという面からいえばみな同じだということを意味しています。しかし、逆にみな同じ水だけれども、波の形という面からいえばみな違っているということもいえます。つまり一切を区別せず一つとして見るという一面だけをいうのでしたら、実はすべてを区別して見るという一面が欠けてしまっているということになります。
悟りを開いた仏は、一切を区別せず一つとして見ると同時に、すべてを区別して見るといわれています。そして、一切を区別しないで見るということにもとらわれず、すべてを区別して見るということにもとらわれません。

それに対して私たちは、すべてを区別するという見方しかできません。私たちが、「区別がない世界」を考える時、実は「区別のある世界」と「区別のない世界」とを区別して考えています。私たちは、「区別する」ということから離れることができないのです。

ご質問のように、一元論が正しくて二元論は間違っているというのは、一元論と二元論とを区別していますので、やはり二元論でしかないということになります。区別してはいけないということを、ただ観念的にとらえて、自分が区別することにとらわれているという実態を見ていないということになるでしょう。

そもそも、すべてを区別しないということは、正しいことと間違っていること、善と悪、迷いと悟りとを区別しないということです。曇鸞大師《どんらんだいし》の『往生論註《おうじょうろんちゅう》』には、阿弥陀仏の心のはたらきについて、大地がものを載せるのに重いとか軽いとかを区別しないように、水が草木を潤すのに、毒草か薬草かを区別しないように、火がものを焼くのに悪臭がするのか好い匂いがするのかを区別しないように、一切を区別しないと説かれています。これが一切を区別しないで見るということであり、私たちには不可能なものの見方です。

道綽禅師《どうしゃくぜんじ》の『安楽集《あんらくしゅう》』には、「区別する」ということにとらわれるのは、とらわれ自体は間違っているが、迷いと悟りとを区別しているので、迷いを捨てて悟りを求める心が生まれるので許容される。しかし「区別しない」ということにとらわれると、迷いを捨てて悟りを求める心が生まれないので強く否定される、と説かれています。区別する心から離れることができないのに、区別がないと考えることの危険性がおわかりになるでしょう。

ポイント

一切を区別しない「悟り」

区別から離れられない私

Q5 一元論と二元論って…？

Q４のお答えですが、一元論が正しいのに私たちは二元論にとらわれているといわれ、最後に「区別する心から離れることができないのに、区別がないと考えることの危険性」と結ばれましたが、なんのことかよくわかりません。

A

区別しかできない 凡夫のための教え

回答の意図が伝わっていないようですね。私の表現がまずかったのでしょうか。申し訳ありませんでした。

さて、私は一元論が正しく二元論は間違っているとは回答しておりません。なお、一元論・二元論という言葉はQ４のご質問の中の言葉であり、回答の中でも用いましたが、もともと仏教用語ではなく哲学等で用いられる言葉です。仏教の考え方を説明するのに必ずしも適切な言葉とはいえないのですが、この場では、当初のご質問をふまえて、一切を区別せず一つとして見るものの見方を一元論、私と阿弥陀さまとを区別し、またこの世界と浄土とを区別するようなものの見方を二元論としておきます。

さて、阿弥陀さまと浄土とは悟りというあり方であり、私とこの世界とは迷いというあり方です。つまり、迷いと悟りとを区別しないのが一元論、迷いと悟りとを区別するのが二元論ということになります。

そして、Q４の回答で述べたように、仏教ではもののあり方が水と波とにたとえられます。迷いと悟りとについてもそうです。迷いの波と悟りの波とがあります。そして、迷いの波と悟りの波とが違う形をしていても水という点から見れば両者は同じものであって区別できません。この区別できないという側面をいうのが一元論です。

また逆に、同じ水であっても迷いの波と悟りの波とは形が異なっていて区別されます。この区別されるという側面をいうのが二元論です。そして、仏は迷いと悟りとを異なっているが同じであり、同じであるが異なっているとご覧になります。仏の見方が正しいとすると、一元論も正しく二元論も正しいということになります。

つまり、一元論が正しく二元論が間違っているという考え方も、二元論が正しく一元論が間違っているという考え方も、どちらも一方へのとらわれであり、どちらも間違っているのです。

そして、迷い（私たち）と悟り（仏）とを区別しないという一元論に対するとらわれは、迷いから悟りへという動きが生じないので、厳しく否定されます。大乗仏教の菩薩道《ぼさつどう》とは上求菩提下化衆生《じょうぐぼだいげけしゅじょう》（上に向かって悟りを求め、下に向かって迷いの衆生を教化《きょうけ》する）であるといわれますが、迷いと悟りとに区別を見ないのですから、上に向かって悟りを求めることもなく、下に向かって迷いの衆生を教化することもないので、大乗菩薩道が成り立たなくなります。一方、迷いと悟りとを区別する二元論に対するとらわれは、間違ってはいるものの迷いの私が悟りを求めようとする動きが存在するので、許容されます。

私たちには、仏のように、一元論にも二元論にもとらわれず、一切を区別しないで見ると同時に一切を区別して見るというものの見方は不可能であり、どちらかにとらわれるしかありません。

凡夫のための教えである浄土真宗は、迷い（私たち・この世界）と悟り（仏・浄土）との区別を主とするというスタイルをその特徴としているのです。

ポイント

迷いと悟りの区別こそ迷いから悟りへの動き

Q 6

死後の浄土より今が大切？

仏教は、今ここにいる私にとっての問題だと聞きました。死んでから先のことよりも、今を問題にしないといけないのではないでしょうか。命終わって浄土に生まれるという教えは、現実から目を背けさせるような教えなのではないでしょうか。

A

死に目を背ける私に「浄土のはたらき」が

仏教が今ここにいる私にとっての問題だというのは、その通りです。しかし、今ここにいる私は、過去の私、未来の私と無関係に存在しているのではありません。過去の私を振り返り、未来の私を見すえてこそ、今ここにいる私が明確になるのです。

さて、今ここにいる私は生きています。しかし生きているということと死ぬということと切り離すことができません。仏教では、他と無関係にそのことだけで独立してあるということはあり得ないと考えます。仏教では、親と子とが同年齢であるという言い方がされます。不思議な言葉ですが、その人が親になったのはその子が生まれたからです。つまり、その子が生まれてからの年数と、その子の親になってからの年数は同じだということになります。親と子とが同年齢であるというのは、そのことを言っています。親とは何かを考える時に、子を抜きにして考えることはできません。

そして、生きているということと死ぬということとの関係も、どちらか一方だけを考えることはできないという意味で、親と子との関係と同じです。生きているものは必ず死にます。決して死なないものは、もともと生きていないものです。美しい生け花は生きていますのでいずれ枯れてしまいます。造花は生きていないので決して枯れません。生きているものは必ず死ぬというのは、逆に言いますと、必ず死ぬからこそ生きているのです。

仏教では今ここにいる私を問題にして、今ここにいる私は必ず死ぬ身であるからこそ今生きているのだと考えます。しかも、善導大師が私たちの命を今すぐ消えるかもしれない風の中の灯火にたとえられたように、私の死はいつおとずれてくるのかわかりません。また、仏教では念死といって、自分自身の死を念じることが説かれています。念死というのは、私の首を切る刀が振り下ろされ今や首に触れる寸前という状況を、あたかも現実のように体感することだと言われた先生がおられました。今すぐ死ぬかもしれない私ということを見すえてこそ、今生きている私を本当に見すえたことになるのです。医師の宣告を受けて、余命いくばくもない私ということを真正面から見すえた時に、今生きているということの素晴らしさが本当にわかったとの体験談もあるようです。

このように言われても、私たちは日常の目先のことに目をうばわれ、自らの死から目を背けがちです。そして、自らの死から目を背けるのは、必ず死ぬ私、今すぐ命終わるかもしれない私という現実から目を背けるということです。芥川龍之介の作品、「青年と死」には、龍樹菩薩についてのエピソードを題材にして、その問題が取り上げられています。

命終わってお浄土に生まれるという教えは、否応《いやおう》なく自分自身の死という現実に目を向けさせるという大事なはたらきがあることを忘れてはなりません。死後の問題を今の自分自身と無関係な問題と考える人は、実は死を今の自分と無関係と考えているのです。

ポイント

「死後の問題」は今の問題
一方だけでは考えられない

Q 7

楽しみ求める浄土往生は？

ご法話で、楽しみを求めてお浄土に生まれようと思ってはいけないと聞きました。お浄土で先立った連れ合いに会うことを楽しみにしているのですが、こういうことではだめなのでしょうか。

A「浄土で会いたい」凡夫の自然な心情

楽しみを求めてお浄土に生まれようとしてはいけないというのは、『教行信証』の「信文類《しんもんるい》」に引用されている『往生論註《おうじょうろんちゅう》』の、

もし人《ひと》無上《むじょう》菩提心《ぼだいしん》を発《ほっ》せずして、ただかの国土《こくど》の受楽間《じゅらくひま》なきを聞《き》きて、楽《らく》のためのゆゑに生《しょう》ぜんと願《がん》ぜん、またまさに往生《おうじょう》を得《え》ざるべきなり。（もし、人が無上菩提心をおこさずに、浄土では絶え間なく楽しみを受けるとだけ聞いて、楽しみを貪《むさぼ》るために往生を願うのであれば、往生できないのである）

（『註釈版聖典』二四七頁）

という一文から来ています。ここで、「ただかの国土の受楽間なきを聞きて、楽のためのゆゑに生ぜんと願ぜん（浄土では絶え間なく楽しみを受けるとだけ聞いて、楽しみを貪るために往生を願う）」と示されていることを、為楽願生《いらくがんしょう》（楽しみのために往生を願う）といいます。

仏教の根本は、迷いを離れ悟りを求めることであり、しかも大乗仏教とは、自分だけが迷いの苦しみを離れればいいのだということではなく、同じく迷いの世界で苦しんでいる他の人々とともに迷いを離れることを求めなければならないとの教えです。ですから、楽しみのために浄土に生まれることを願う為楽願生は否定され、為楽願生ではお浄土に生まれることができないといわれます。

ところが、親鸞聖人は『一念多念文意《いちねんたねんもんい》』で別の『往生論註』の文を、「かの国《くに》の清浄安楽《しょうじょうあんらく》なるを聞《き》きて、剋念《こくねん》して生《うま》れんと願《ねが》ふひと」が「正定聚《しょうじょうじゅ》に入《い》る（間違いなく往生成仏できる身になる）」（『同』六八一頁）と釈されています。

実は、お浄土に生まれることができるかどうかの分かれ目は、自らの楽しみを目的としての願生であるのか、それとも他を救うことを目的としての願生であるのか、というところにあるのではありません。他力の信心をいただいているかどうかにあるのです。

為楽願生が否定されている『往生論註』の文中の無上菩提心は、聖人のお示しによると他力の信心であり、『一念多念文意』の「剋念して」という言葉は「他力の信を得て」ということです。つまり、どちらもお浄土の楽しみを聞いて生まれようと思うのですが、「信文類」では他力の信心がなく、『一念多念文意』では他力の信心をおこしてということであり、前者は往生できず、後者は往生できるということになるのです。

これは、たとえば、先に逝かれた懐かしい方々に会えることを楽しみにしてお浄土参りを求めるということが否定されないということでもあります。

ご本願は凡夫のためにおこされたものです。そして凡夫とは、ちょっとしたことで泣き、笑い、また怒る、ごく普通の人々のことです。大事な人を亡くした悲しみを思うとき、また会うことのできる世界を持つことを喜ぶのは、自然なことでしょう。

Ｑ３の回答で紹介しましたように、親鸞聖人はお手紙で、お互いお浄土で再会しようと述べておられます。

ポイント

他力の信心が分かれ目
再会の楽しみを否定しない

Q 8

この世に還《かえ》り浄土は留守？

Ｑ３にお浄土で懐かしい人とまた会えるとありましたが、浄土に生まれたならば、すぐさまこの世界に還《かえ》ってきて人々を救うはたらきをすると聞いています。懐かしい方がお浄土を留守にしていて会えないというおそれはないのでしょうか。

A 「留守で会えない」ということはない

親鸞聖人の教えでは、お浄土に生まれるということと仏の悟りを開くということとは、別々の二つの出来事ではなく、一つの出来事であるとされ、これを往生即成仏《おうじょうそくじょうぶつ》（往生がそのまま成仏である）といいます。そして、善導大師《ぜんどうだいし》が「自覚覚他《じかくかくた》、覚行窮満《かくぎょうぐうまん》（自ら目覚め、他を目覚めさせるのに完全である）」とお示しになりますように、仏とは自らが目覚めるだけではなく、他を目覚めさせる存在なのです。

ところが、お浄土の方々は皆目覚めておられますので、お浄土にじっとしていては他を目覚めさせることができません。そこで、目覚めていないものが満ちあふれている世界であるこの世界に還《かえ》ってきて他を目覚めさせるはたらき、つまり人々を救うはたらきをするということになります。これを還相《げんそう》といいます。

そして、お浄土に生まれて一休みしてから人々を救うはたらきを始めるのではありません。人々を救うはたらきをするような仏になるのですから、往生するや否や、人々を救うためにこの世界に還ってくると考えることができます。とすると、ご質問のように、せっかく懐かしい方に会えると期待していたのに、お浄土を留守にしていて会えないということになるのでしょうか。

話はかわりますが、お浄土におられるのは阿弥陀仏だけではありません。大菩薩といわれる方々も多くおられます。聖人は、『浄土和讃』に、

安楽無量《あんらくむりょう》の大菩薩《だいぼさつ》　一生補処《いっしょうふしょ》にいたるなり

普賢《ふげん》の徳《とく》に帰《き》してこそ　穢国《えこく》にかならず化《け》するなれ

（『註釈版聖典』五五九頁）

と詠《うた》っておられますが、「一生補処」や「普賢の徳」という言葉からして、この大菩薩というのは還相《げんそう》の菩薩方だと考えられます。つまり、お浄土に生まれた方々は、内に仏の悟りを開いておられるのですが、外には菩薩のすがたを示しておられるのです。

親鸞聖人は、『教行信証』「証文類《しょうもんるい》」において還相を釈されるところで、曇鸞大師《どんらんだいし》の『往生論註』を引用され、お浄土の大菩薩の素晴らしいはたらきの一つを、「三昧力《さんまいりき》をもつて身本処《みほんじょ》を動《どう》ぜずして、よくあまねく十方《じっぽう》に至《いた》りて、

諸仏《しょぶつ》を供養《くよう》し、衆生《しゅじょう》を教化《きょうけ》す。（その三昧の力によって、身はもとのところから動かないですべての世界に至り、仏がたを供養し、衆生を教え導く）」（『同』三一九頁）と示されています。そして、太陽は動かないが、その光はこの世界に届いて来るようなものであるとたとえられます。

さきほど、お浄土にじっとしていては他を目覚めさせることができないと述べましたが、実はお浄土を動かないで、その救いのはたらきがすべての世界に至り届くというのが、お浄土の大菩薩のはたらきなのです。ですから、せっかく会えると期待していたのに、留守で会えないということはありません。

ポイント

浄土からすべてを教化
太陽は動かずとも光は届く

Q 9 浄土では誰が誰かわからない？

Q３で「また会える世界」としてお浄土を考えるのは決して間違いではないと教えていただきました。ある先生が、浄土に生まれると、生きている時と同じ姿ではないのだから、誰が誰かわからず、それでは会ったことにならないと言われていました。そうなのでしょうか。

A 懐かしい方と出会い　互いに互いがわかる

Q8の回答で述べましたように、お浄土に生まれると仏の悟りを開く（成仏する）のですが、外にあらわす姿は大菩薩の姿です。

『無量寿経《むりょうじゅきょう》』（大経《だいきょう》）に説かれる阿弥陀仏の四十八願《しじゅうはちがん》の中の第三願には、お浄土の方々はみな金色《こんじき》にかがやいているようにと誓われています。また、『教行信証』「真仏土文類《しんぶつどもんるい》」に引用される『大経』のご文《もん》には、「姿かたちもみな同じで、何の違いもない」（『教行信証（現代語版）』三三二頁）と述べられています。

みな同じ金色に輝くお姿で何の違いもないのならば、確かにどなたが懐かしい方なのか、わからないということができそうです。

ところで、姿かたちもみな同じと述べられる『大経』のご文の前に「みなすぐれた智慧《ちえ》と自由自在《じゆうじざい》の神通力《じんずうりき》をそなえ」と述べられています。

神通力については、『教行信証』「証文類」で還相《げんそう》を明かすところに引用される『浄土論』のご文に、「生死《しょうじ》の園《その》、煩悩《ぼんのう》の林《はやし》のなかに回入《えにゅう》して、神通《じんずう》に遊戯《ゆげ》して教化地《きょうけじ》に至《いた》る」（『註釈版聖典』三一三頁）と述べられ、これに基づいて「正信偈」にも「煩悩《ぼんのう》の林《はやし》に遊《あそ》んで神通《じんずう》を現《げん》じ、（遊煩悩林現神通《ゆうぼんのうりんげんじんずう》）」（『同』二〇五頁）という句があります。

浄土の方々に神通力があるということを、親鸞聖人が否定しておられなかったのは明らかです。

さて、仏教では六種の神通力があるといわれます。『註釈版聖典』巻末註の「六神通」の項を参照してください。その六神通の中に宿命通《しゅくみょうつう》という神通力があります。

宿命通とは、「自己や他人の過去のありさまを知る能力」（『同』一五五二頁）です。曇鸞大師《どんらんだいし》の『往生論註《おうじょうろんちゅう》』には、

天帝釈《てんたいしゃく》の人中《にんちゅう》に生《うま》るる時、憍尸迦《きょうしか》を姓《しょう》とせり。後《のち》に天主《てんしゅ》となるといへども、仏《ぶつ》（釈尊）、人《ひと》をしてその由来《ゆらい》を知《し》らしめんと欲《おぼ》して、帝釈《たいしゃく》と語《かた》らひたまふ時《とき》、なほ憍尸迦《きょうしか》と称《しょう》するがごとし。

（『註釈版聖典（七祖篇）』七五頁）

と述べられています。

その意味は、以下の通りです。

帝釈天《たいしゃくてん》は人として生まれた時に憍尸迦《きょうしか》という姓であった。後に神々の王で

ある帝釈天となったが、釈尊は帝釈天と会話される時、その由来を人々に知らせようと思われ、憍尸迦とよばれた。

これは、釈尊が帝釈天の過去のありさまをご存知であったということです。

もうおわかりですね。お浄土に生まれると神通力が身につき、その神通力の一つが他者の過去のありさまを知る能力である宿命通ですから、たとえお浄土の方々がみな同じく金色にかがやくお姿で、今は何の違いもないとしても、過去のありさまは一人一人違いますので、お互いに区別がつくということになります。

決して誰が誰かわからないということはありません。お浄土で懐かしい方と出会って、お互いにお互いがわかるということです。

ポイント

神通力で他者を知る
姿は同じでも区別はつく

Q 10

念仏は財布　信心はお金？

法座であるご講師が、念仏は財布のようなもので、信心はお金のようなものだとたとえられました。財布を忘れたというのは、お金を忘れたという意味で、同じように念仏一つで救われるというのは、信心一つで救われるという意味だといわれました。なるほどと思いましたが、なにか違うようにも思います。ご教示ください。

A　たとえにこだわらずその本質を見ていく

最初に、私が学生時代に聞き、印象に残っている恩師・村上速水先生の言葉を紹介しましょう。それは、「譬喩《たとえ》は一分《いちぶん》」という言葉です。これは、譬喩というのは、一部分をたとえたものに過ぎず、譬喩にこだわって問題の本質を見失ってはいけないという意味です。

親鸞聖人も、言葉とその意味内容とを、月をさす指と指にさされた月とにたとえ、指さされた月をこそ見ないといけないのに、指のみを見すえるのは間違っているという『大智度論《だいちどろん》』の文《もん》を引用しておられます（『註釈版聖典』四一四頁）。譬喩にこだわるのも、月をさす指ばかり見すえるのと同じでしょう。

譬喩の欠点をあげつらうのは、月をさす指を見て、爪が伸びているだの、垢がたまっているだのと批判するようなものでしょう。そこまでわかっているのですが、私はあえて、ご質問の譬喩を批判したいと思います。

サザエさんの歌に、買い物しようと出かけたサザエさんが財布を忘れたという箇所があります。お金がないと買い物ができないのですから、財布を忘れたというのはお金を忘れたという意味だと説明することができます。でも、この譬喩では、大事なのはお金であって、財布は大事じゃないということになるのではないでしょうか。

お金が信心をたとえたものであり、財布がお念仏をたとえたものであるとするならば、信心が大事なのであって、お念仏は大事じゃないということになってしまいます。親鸞聖人が、信心の大切さを強調されるのはいうまでもないのですが、お念仏の大切さも同様に強調されています。

一切の生きとし生けるものを救いたいというご本願は、一切の生きとし生けるものを救うことのできる本願力として完成されています。その本願力とは南無阿弥陀仏のお名号であり、お念仏は本願力である南無阿弥陀仏が私たちの声となって活動しているすがたなのです。

お念仏一つで救われるというのは、実は本願力一つ、南無阿弥陀仏一つで救われるという意味なのです。

私たちが、南無阿弥陀仏という救いの力・はたらきをいただくとき、まず心でそのはたらきを受け（これが信心です）、続いて口にお念仏の声となって出てきます。信心も念仏も南無阿弥陀仏の活動しているすがたですから、念仏一つで救われるとも、信心一つで救われるともいうことができます。

また、どちらも南無阿弥陀仏の活動しているすがたなのですが、口で活動しているすがたは心で活動しているすがたよりもわかりやすく、法然聖人は南無阿弥陀仏の活動しているすがたをわかりやすい念仏でお示しになり、親鸞聖人は念仏一つという法然聖人を受け継がれながら、同時にまず心で救いのはたらきを受けるという信心を強調されました。

「譬喩は一分」であり、月を指す指なのですから、譬喩にこだわってはいけないのですが、譬喩が月を指さない指であっては困りますね。

ポイント

本願力一つで救われる
活動のすがたが信心・念仏

Q 11

被災地復興の願いもダメ？

Ｑ２の回答で「利他的な願い事も否定される」とありましたが、東日本大震災やネパールの大地震の犠牲者を悼《いた》んだり、被災地の一日も早い復興を願うこともダメなのでしょうか。

Ⓐ 利己的願い持つ凡愚をおさめ取る阿弥陀仏

まず、Q２で取り上げたのは、「浄土真宗は祈り無き宗教」といわれているということと、著名な先生が「いのり」という言葉を使われたということとについてです。そこでは、まず、「浄土真宗は祈り無き宗教」ということについて、

浄土真宗においては、私たちの方から阿弥陀さまに対して、何かをお願いしたり、何かを請《こ》い求めたりするということはないという意味です。つまり、「いのり（祈り）」という言葉を神仏になにかをお願いするという意味にとって、「浄土真宗は祈り無き宗教」だといわれるのです

と述べました。ご質問についてですが、阪神・淡路、東日本やネパールなど、多くの大震災の犠牲者を悼んだり、被災地の一日も早い復興を願うという自然な心情を否定しているのではありません。被災地の一日も早い復興を阿弥陀さまにお願いするということは無いということを「利他的な祈りも否定される」と述べた

のです。

『歎異抄《たんにしょう》』第五条は、「親鸞《しんらん》は父母《ぶも》の孝養《きょうよう》のためとて、一返《いっぺん》にても念仏申《ねんぶつもう》したること、いまだ候《そうら》はず」（『註釈版聖典』八三四頁）と標《しる》されています。亡くなった両親が地獄や餓鬼などの苦しみの命を受けているのならばその苦しみをなんとかしたいという、追善のためのお念仏を否定されたお言葉です。

この第五条は、最後に浄土に生まれたならば、たとえどのような苦しみに沈んでいても、自由自在に救うことができると結ばれますので、両親の苦しみをなんとかしたいという心情まで否定されているのではありません。そのためにお念仏をつかうということが否定されているのです。

『蓮如上人《れんにょしょうにん》御一代《ごいちだい》記聞書《ききがき》』には、「他宗《たしゅう》には親《おや》のため、またなにのためなんどとて念仏《ねんぶつ》をつかふなり」（『同』一二八七頁）という蓮如上人のお言葉が出てまいります。私の両親についての願いは広い意味では利己的な願いであるということもできますが、私自身についての願いではないという意味からすると利他的な願いということもできます。

大震災の被災地の復興を願い、わずかなりともできることをさせていただくというのは、念仏者としてのあるべきすがたですが、復興を阿弥陀さまにお願いするというのは、浄土真宗の念仏者のすがたとはいえないでしょう。

なお、利他的な祈りも否定されるということを述べる前に、利己的な祈りが否定されると述べましたが、浄土真宗では利己的な願いを持つことが否定されているのではありません。

一切利己的な願いを持たないというのは、高い境地に至った人においてのことであり、「底下《ていげ》の凡愚《ぼんぐ》」(『同』六〇三頁)である私たちには、利己的な願いを持たないということは不可能です。

利己的な願いから離れることのできない私たちを、そのまま摂《おさ》め取ってくださるのが阿弥陀さまの救いであるということにも留意したいと思います。

ポイント

利他的な心情は自然
如来への願い事を否定

Q 12

日の良し悪しや占いもダメ？

門徒は占いや日の良し悪しを気にしないものだといわれました。それでもとても気になります。門徒としてはやはりいけないことでしょうか。

A

「気にならない私」が立派なわけではない

私の恩師・村上速水先生は、脳血栓《けっせん》で倒れられました。なんとか回復されたのですが、発病前に比べて口も動作も随分不自由になられました。歯切れの良い講義を聞かせていただいていた私たちにとっては、本当に残念なことでした。

その先生が知人から、祈祷《きとう》してもらったというお札《ふだ》を、「よく効《き》くそうですよ」という言葉とともに頂戴《ちょうだい》されたそうです。先生はそれについて、子どもの頃からご法義に触れてきた私はお祈りがよく効くというところのお札に頼ろうとは思わないが、もし今までご法義と無縁の生き方をしてきたならば、そのようなお札に頼っていただろうとおっしゃいました。

時に、占いやまじないに頼るものはバカだ、あんた方《がた》はそんなバカなことをしてはいかんというように言われる方がおられます。私は恩師によって、占いやまじないに頼らない私が立派なのではなく、占いやまじないに頼らなくてもよいご法義が立派なのであり、そのようなご法義に出遇《あ》わせていただいていることを喜ぶのが本当だと教えていただきました。

阿弥陀如来のご本願は、このようになれば救うというものではありません。私たちが変わらないと救ってもらえないのではありません。阿弥陀さまは、「今のあなたを今のあなたのままで救う」と喚《よ》びかけてくださっているのです。

親鸞聖人は、お手紙で以下のように述べておられます。

おのおの、むかしは弥陀《みだ》のちかひをもしらず、阿弥陀仏《あみだぶつ》をも申《もう》さずおはしまし候《そうら》ひしが、釈迦《しゃか》・弥陀《みだ》の御方便《ごほうべん》にもよほされて、いま弥陀《みだ》のちかひをもききはじめておはします身《み》にて候《そうろ》ふなり。もとは無明《むみょう》の酒《さけ》に酔《え》ひて、貪欲《とんよく》・瞋恚《しんに》・愚痴《ぐち》の三毒《さんどく》をのみ好《この》みめしあうて候《そうら》ひつるに、仏《ぶつ》のちかひをききはじめしより、無明《むみょう》の酔《え》ひもやうやうすこしづつさめ、三毒《さんどく》をもすこしづつ好《この》まずして、阿弥陀仏《あみだぶつ》の薬《くすり》をつねに好《この》みめす身《み》となりておはしましあうて候《そうろ》ふぞかし。

（『註釈版聖典』七三九頁）

ここには、ご本願に出遇った人は、その後だんだんと育てられてゆくということが明かされています。真実のご法義に出遇うと、その後さまざまな面でお育てをいただきます。占いや日の良し悪しが気にならなくなってこそご本願に出遇ったといえる、ということではありません。ご本願に出遇うとだんだんと育てられて、占いや日の良し悪しが気にならなくなるのです。
　気になるのは門徒としていけないことではなかろうかという疑問をいだかれたということは、占いや日の良し悪しにたよって何も疑問を持たないというあり方に比べて、すでにお育てにあっているということの証だということができるでしょう。阿弥陀如来の救いの中にある者は、占いや日の良し悪しを気にしてはいけないのではなく、占いや日の良し悪しを気にする必要がなくなるのです。今後もお聴聞を重ねられて、ますますお育てにあずかっていかれることを念じます。

ポイント
その疑問もつことこそ〝お育て〟の証《あかし》といえる

Q 13

“頑張る”のは自力？

このたびお寺の総代に選ばれました。本堂や庫裡《くり》も老朽化し修復か建て替えかを決めなくてはなりません。そのほか営繕も大変です。「頑張らなければ」と言ったところ、ある人から「頑張るのは自力だ」といわれました。何か水を差されたようで、納得がいきません。

A　さとりへ向かうことに自分の力をあてにしない

まず親鸞聖人の他力についての誤解も多いですが、自力についての誤解も多いように思います。私は、自力を誤解するから他力を誤解するのだろうと思っています。

さて、「頑張るのは自力だ」と言われた方は、自力を自分の力をつかうことだと思っておられるのではないかと思われます。もしそうだとすると、一所懸命に自分の力をつかうという、「頑張る」とか、「努力する」とかは自力と見なされてしまいます。

親鸞聖人は、自分の力をつかうことを自力といわれたのではありません。自分のつかう力をあてにし、たよりにすることを自力といわれたのです。何についてあてにし、たよりにするのかといえば、悟りへ向かって歩むということや、お浄土に生まれてゆくということについて、自分のつかう力をあてにし、たよりにすることを自力とおっしゃるのです。

これは、『一念多念文意《いちねんたねんもんい》』に、「自力《じりき》といふは、わが身《み》をたのみ、わがこころをたのむ、わが力《ちから》をはげみ、わがさまざまの善根《ぜんごん》をたのむひとなり」（『註釈版聖典』

六八八頁）とお示しになっておられることから理解できます。

ここで、「たのむ」という言葉が三回も出てきますが、親鸞聖人の時代には、この言葉があてにする、たよりにするという意味でつかわれていました。自分のつかう力をあてにするということは自分のつかう力が役に立つと思っているということであり、それは自分自身を役に立つ力を持っている身であると思っていることになります。これが親鸞聖人のおっしゃる自力なのです。

お念仏を考えていただくとわかるのですが、他力の念仏であるからといって自分の力をつかわない念仏はあり得ません。南無阿弥陀仏と称《とな》える時、声帯を振るわせるのも、舌《した》を動かすのも、口を開閉するのも自分の力をつかっています。法然聖人は七万遍《べん》から八万遍のお念仏を日課としておられたそうです。一日だけでも七万遍八万遍のお念仏は大変なことであり、それが毎日毎日のことなのですから、よほど努力し、よほど頑張らないと不可能でしょう。努力し、頑張ることが自力だったら、法然聖人のお念仏は自力念仏であるということになってしまうのですが、決してそうではありません。

もし法然聖人に、自分はこれだけ頑張ったのだからきっとお浄土に生まれることができるはずだとの思いがあったならば自力の念仏になってしまうのですが、法然聖人には、そのような思いのあるはずがありません。

法然聖人においては、阿弥陀さまの力（本願力・他力）によってこそお浄土に生まれてゆくことができるのであり、ご自分のお念仏（南無阿弥陀仏と称えるという行為）が役に立ってお浄土に生まれてゆくのではありません。ですから、ご自分の行為としてのお念仏をあてにし、たよりにすることは全くないのです。

つまり、他力の念仏です。

頑張るのは、自力として否定されるようなものではありませんので、ご自分のお寺のため、どうぞ頑張ってください。

ポイント
〝努力〟は自力ではない
「往生浄土」は他力による

Q 14

お釈迦さまの像がない⁉

ある人から、仏教はお釈迦さまの教えなのに、浄土真宗は弥陀一《みだいち》仏《ぶつ》といって、お釈迦さまをないがしろにしているんじゃないかといわれました。また、お寺の本堂にも、阿弥陀さまの仏像だけでお釈迦さまの仏像がありません。どのように考えればよいのでしょうか。

A

お釈迦さまがそのまま阿弥陀さまであるから

たしかに、浄土真宗の教えは、阿弥陀さま一仏に帰命《きみょう》し、他の仏・菩薩には帰命しないというものです。しかし、それはお釈迦さまをないがしろにしているということではありません。

浄土真宗において、お釈迦さまと阿弥陀さまとの関係は、いろいろに考えられます。たとえば、お釈迦さまのお仕事は教えるということであり、阿弥陀さまのお仕事は救うということです。お釈迦さまが何を教えられるのかというと、「一切の生きとし生けるものを救おうという願いを発《おこ》し、その願いを完成された阿弥陀さまというお方がおられるよ」ということを教えられるのです。言い換《か》えますと、「阿弥陀さまに帰命しなさい」と教えられるのです。私たちが阿弥陀さま一仏に帰命するのは、お釈迦さまの教えにしたがっているのですから、決してお釈迦さまをないがしろにすることにはなりません。

仏さまはすべてそうなのですが、お釈迦さまの根本的な願いは、迷いというあり方に苦しんでいる一切の生きとし生けるものに悟りの楽しみを与えたいというものです。一切の生きとし生けるものをということですと、最も迷いから悟りへ歩みにくいもの、言い換えますと迷いから悟りへ歩む能力を持っていない者を悟りへ至らせなくてはなりません。迷いから悟りへ歩む力を、少しでもいいから持っているものでないと悟りに至らせることができないということですと、迷いから悟りへ歩む力を全く持っていないものは取り残されてしまいます。それでは、一切の生きとし生けるものをという願いは満足されません。

親鸞聖人がいただかれた阿弥陀さまの他力の救いは、私たちの力が役立つのではなく、ただ阿弥陀さまの力のみによって救われるというものでした。つまり、迷いから悟りへ歩むのに役立つものを何一つとして持っていないものが救われる教えです。浄土真宗では、阿弥陀さま以外の仏さまにはこのような救いはできないといただいています。お釈迦さまの教えも、阿弥陀さまの救いについて以外の教えは、自分の力を役立たせて悟りへ向かって進むというものばかりです。

このような救いを成り立たせている阿弥陀さまの願いは他にありませんので、親鸞聖人は、「超世希有《ちょうせけう》」つまり、「世に超《こ》えてまれな」と仰いでおられます。

ですから、自分の力ではどうにもならない私たちが阿弥陀さまに帰命し悟りに至ることができるようになってこそ、お釈迦さまに本当に喜んでいただけます。このことこそがお釈迦さまの願いに本当に応《こた》え、お釈迦さまの願いを大事にすることなのです。

親鸞聖人はまた、お釈迦さまというお方は、私たちを救うために、阿弥陀さまがこの世界におすがたを現《あらわ》されたお方であるといただいておられます。つまり、お釈迦さまは、そのまま阿弥陀さまだということなのです。

まとめてみますと、弥陀一仏への帰命は、お釈迦さまの教えにしたがうということであり、またお釈迦さまの像を安置しないのは、お釈迦さまがそのまま阿弥陀さまであるからなのです。

ポイント

教えを説くお釈迦さま
衆生を救う阿弥陀さま

Q 15 納得いかない「悪人の救い」（その1）

浄土真宗は、悪人こそが救われるという教えだと聞きましたが、納得がいきません。善人が救われて、悪人が救われないという教えであってこそ、人々に善を行わせ、悪を行わせないようにするのではないでしょうか。

Ⓐ 仏教はなにを悪とし なにを善とするのか

まず、「浄土真宗は、悪人こそが救われる教えだ」というときの悪人が、どのような人を指すのか、つまりなにを善とし、なにを悪とするのかということを考える必要があります。

善悪の規準にはさまざまなものがあり、法律的善悪・道徳的善悪・宗教的善悪のそれぞれは規準が違います。法律的規準による悪人ですと、法律に触れるような行為が悪であり、そのような悪を行う人が悪人だということになります。道徳的善悪では、法律には触れないが道徳的には悪という行為や形式的には法律に触れるが動機は崇高な行為もあるでしょう。法律的善悪は時代・社会によって規準が大きく変化し、道徳的善悪は時代・社会の変化にかかわらない面もあるでしょうが、時代・社会の変化に、影響される部分もあるでしょう。江戸時代に法律的にも道徳的にも正当化された行為が、現代では否定されることもあります。宗教的善悪は、まず宗教によって規準が違います。また、根幹は変わらないとしても、具体的な行動に適用する時の解釈には、時代・社会の影響が皆無とはいえません。

さて、仏教ではなにを善とし、なにを悪とするのでしょうか。いろんな説明がされますが、自己中心性から離れてゆくような行為が善であり、自己中心性を深めてゆくような行為が悪であるというものがあります。自己中心性を離れてゆく行為とは、自分の利益よりも他者の利益を優先する行為であり、自己中心性を深めてゆく行為とは、他者の利益よりも自分の利益を優先する行為です。悟りを開かれる前のお釈迦さまがさまざまな命を受けられた中で、他者（人とは限りません）を助けるためにご自身の命を投げ出されたというお話がいくつも伝えられています。

私たちには、自分にとって大事なものを守るために自分の命を犠牲にするということはあり得ても、飢えた老虎を助けるために自分の命を犠牲にするようなことはあり得ないでしょう。また、自分にとって大事なものを守ろうというのも、実は自己中心性のあらわれの一つです。

他者の利益のための行為は善といえるのですが、そこに自己の利益のためという心（今の生活を守ろうという心もそうです）があると純粋な善とはいえません。親鸞聖人は、そのような善を「雑毒《ぞうどく》の善《ぜん》」（『註釈版聖典』二一七頁）とおっしゃられ、そして、自らの心の底に潜《ひそ》む自己中心性を深く見つめられ、「地獄《じごく》は一定《いちじょう》すみかぞかし」（『同』八三三頁）と述べておられるのです。

仏教は、迷いという苦しみのあり方から、悟りという本当の楽しみのあり方へ歩むことを教えるのですが、純粋に自己中心性を離れてゆく行為が不可能な存在（これが悪人です）こそを救おうという願いを発《おこ》されたのが阿弥陀如来です。

浄土真宗で「悪人こそが救われる」という悪人は以上述べたような悪人です。そして、この教えが、悪を勧める教えではなく、逆に善を勧める教えだということについては、次回の回答にまわしましょう。

ポイント

自己中心性離れられない悪人こそ救う阿弥陀如来

Q 16

納得いかない「悪人の救い」（その2）

浄土真宗は、悪人こそが救われるという教えだと聞きましたが、納得がいきません。善人が救われて、悪人が救われないという教えであってこそ、人々に善を行わせ、悪を行わせないようにするのではないでしょうか。

A

阿弥陀仏の薬を常に好む身となっていく

前回の回答では、スペースの関係でご質問に答えられず残してしまった問題がありますので、同じご質問を出しておきました。

前回は、悪人こそが救われるという悪人とはどのような人をいうのかという点について、自己中心性から離れてゆくような行為が不可能な存在が悪人なのであり、そのようなものこそを救わなくてはならないと願いを発されたのが阿弥陀さまであることを明らかにしました。

「悪人こそを救う」という阿弥陀さまの願いを聞いたときには、「よくぞ私のような悪人を救おうと願いを発してくださった」とありがたくいただくのが浄土真宗のいただき方です。『歎異抄』にも、

聖人《しょうにん》（親鸞）のつねの仰《おお》せには、「弥陀《みだ》の五劫思惟《ごこうしゆい》の願《がん》をよくよく案《あん》ずれば、ひとへに親鸞一人《しんらんいちにん》がためなりけり。さればそれほどの業《ごう》をもちける身《み》にてあり

けるを、たすけんとおぼしめしたちける本願《ほんがん》のかたじけなさよ」
（『註釈版聖典』八五三頁）

と、親鸞聖人がいただいておられたと記述されています。「悪人こそを救う」という阿弥陀さまの願いを聞いて、「悪人が救われるというのは筋が通らない」と、悪人を他人事として聞くのは、浄土真宗のいただき方ではありません。

皆さんは、悪いと知ってそれを行うのと、悪いと知らないでそれを行うのと、どちらが罪が重いと思いますか。普通は知らないで行うのはしかたがないが、知ってそれを行うのは許せないと考えるのではないでしょうか。では、悪いと知るというのは、どのような意味なのでしょうか。悪いと知るということは、してはいけないことだと知るということです。してはいけないことだと知ったならば、以後それをしなくなるのかというと、そうではありません。親鸞聖人は、お手紙の中（『同』八〇一頁）で、私たちは、心の奥底に潜む自己中心性に基づく煩悩におどらされて、してはならないことをし、言ってはならないことを言い、思ってはならないことを思うような存在であるとお示しになります。

しかし、ご本願に出遇《あ》い、してはならないことをしている悪人であると知らされた私は、やはりしてはならないことをしてしまうのですが、してはならないことと知らな

い時に比べれば、百回に一回、いや千回に一回はしなくて済むということになるでしょう。親鸞聖人は、

仏《ぶつ》のちかひをききはじめしより、無明《むみょう》の酔《え》ひもやうやうすこしづつさめ、三毒《さんどく》をもすこしづつ好《この》まずして、阿弥陀仏《あみだぶつ》の薬《くすり》をつねに好《この》みめす身《み》となりておはしましあうて候《そうろ》ふぞかし。（『同』七三九頁）

と述べておられます。

浄土真宗は、「悪人こそを救う」というご本願を聞き、自らの悪を教えていただくことによって、悪を離れようとしてゆくという教えなのです。決して、悪人こそが救われるのだから、悪はやりたい放題だという教えではありません。

ポイント

〝悪人こそ救う〟と聞いて悪を離れようとする教え

Q 17

聞法すれば念仏はいらない？

念仏は呪文《じゅもん》のように感じられ、称《とな》えることに抵抗があります。お参りして聴聞していれば、称えなくてもよいのではないでしょうか。

A

聴聞すればするほど 感謝のお念仏が出る

まず、お念仏が呪文《じゅもん》かどうかについて考えてみましょう。呪文とは、呪術《じゅじゅつ》のツールの一つであると考えられます。呪術と宗教との違いについて、呪術とは超自然的な力を自分の思い通りに強制的にはたらかせるシステムであるのに対し、宗教においては、超自然的な力のはたらきは超自然的な存在の自由意志によるのであり、私たちにできるのはお願いすることだけだといわれています。もっとも、浄土真宗においては、私たちが阿弥陀仏にお願いするのではなく、阿弥陀仏が、すでにご自身の自由意志によって私たちを救おうとはたらいておられます。呪術におけるツールの一つである呪文は、それを唱えることによって、何らかの効果が期待できるような言葉です。つまり、声に出すことによって効果が期待できるのが呪文です。

一方、お念仏はそうではありません。『唯信鈔文意《ゆいしんしょうもんい》』には、『仏説観無量寿《ぶっせつかんむりょうじゅ》経《きょう》』の「十念《じゅうねん》」（『註釈版聖典』一一六頁）について、「『十念《じゅうねん》』といふは、ただ口《くち》に十返《じっぺん》をとなふべしとなり」（『同』七一七頁）と釈されていますので、口に出して称えるのが基本なのですが、発声に障碍《しょうがい》があり、口に出して称えることのできない方もおられます。救われるための条件が口に出して南無阿弥陀仏と称えることだとすると、このような方々は救いから漏《も》れることになってしまいますが、生きとし生けるもの全てを救いの対象としておられるのが阿弥陀仏です。声に出して称えることのできるものだけを救おうということではありません。

親鸞聖人は『尊号真像銘文《そんごうしんぞうめいもん》』において、善導大師《ぜんどうだいし》の『観念法門《かんねんぼうもん》』の「下至十声《げしじっしょう》」について、まず、「名字《みょうじ》をとなへられんこと下十声《しもとこえ》せんものとなり」（『同』六五七頁）と、少なくとも十声念仏する者と釈されるのですが、続いて「下至」について「十声《じっしょう》にあまれるものも聞名《もんみょう》のものをも、往生《おうじょう》にもらさずきらはぬことをあらはししめすとなり」（『同』）と、声に出して称えるのが十回以上の者も、聞くだけの者も救いに漏れることはないと釈されます。何万回も何十万回も、数多くお念仏する人も、一回もお念仏できなかった人も、同じように救われてゆくということです。お念仏は呪文ではありません。

では、お念仏は結局なんなのでしょうか。お念仏には、二つの側面があります。

一つは阿弥陀仏の救いの力そのものである名号が、私の声となってはたらいているという側面です。阿弥陀仏の救いの力が私の声となってはたらいているということは、阿弥陀仏の救いの力が私を救うために現にはたらいているということです。自らのお念仏をこのようにいただきます。

二つ目の側面は、阿弥陀仏が私を救うためにはたらいておられることを感謝し喜び、その感謝のおもい、喜びのおもいを声に出したのがお念仏であるという側面です。聴聞していればお念仏しなくてもいいのではなく、聴聞すればするほど、感謝のおもい、喜びのおもいからお念仏が出てくるのです。

ポイント

仏の救いのはたらきが私の声となったお念仏

Q 18

「ただ念仏」「念仏一つ」とは？

「ただ念仏」「お念仏ひとつ」といわれますが、どういうことでしょうか。できることがあれば、善いことはいろいろしたほうがいいと思うのですが…。

A

〝善いこと〟によって 救われるのではない

まず、「ただお念仏」「お念仏ひとつ」というのは、阿弥陀仏に救われていくためにはということであり、社会で生きていく中で、なにも善いことをしなくてもいいという意味ではありません。なお、救われるというのは、お浄土に生まれさせていただくということです。

さて、「ただお念仏」「お念仏ひとつ」というのは、「ただ南無阿弥陀仏」「南無阿弥陀仏ひとつ」という意味です。親鸞聖人は、私たちにはお浄土に生まれていくのに役立つものは何一つとしてないといわれます。お浄土に生まれていくのに役立つものを何一つとして持っていない私がお浄土に生まれていくのは、一〇〇パーセント阿弥陀仏の力によるしかありません。

この阿弥陀仏の力が他力であり、他力とは、お浄土に生まれていくのに役立つものを何一つとして持っていないものをお浄土に生まれさせたいという願いがそのまま完成した本願力です。そして、親鸞聖人は、その本願力は南無阿弥陀仏、つまり名号《みょうごう》となって私たちのところではたらいているとお示しになります。

お念仏は南無阿弥陀仏が私たちの声となって活動しているすがたです。そこで、「本願力一つによる救い」が「南無阿弥陀仏一つによる救い」といわれ、「お念仏一つによる救い」といわれているのです。

浄土真宗は他力の教えといわれますが、他力の逆である自力を自分の力をつかうことだと誤解される場合があります。そこから、Q13のご質問の中にありましたように、頑張るのは自力だという誤解も生まれてきます。自分がお浄土に生まれていくために頑張るのは自力ですが、そうでない場面で頑張るのは自力ではありません。

ご質問の「できることがあれば、善いことはいろいろしたほうがいい」と思われるのは間違いではありません。ただし、私たちにできる善いことは、あくまでも私たちのレベルにおいての善いことだということをおさえておく必要があります。Q15で述べましたように、親鸞聖人は私たちの行う善《ぜん》を「雑毒《ぞうどく》の善」といわれます。仏のレベルでの善、純粋な善ではないということです。

そして、「この虚仮雑毒《こけぞうどく》の善《ぜん》をもつて無量光明土《むりょうこうみょうど》に生《しょう》ぜんと欲《ほっ》する、これかならず不可《ふか》なり」（『註釈版聖典』二三五頁）といわれ、私たちが行う善によってお浄土に生まれることはできないとお示しになります。私たちはお浄土に生まれていくのに役立つものを何一つとして持っていないのですから、当然ですね。

このような雑毒の善によってお浄土に生まれようとするのは、まさしく自力の心ですから、「ただお念仏」「お念仏ひとつ」という言葉は、自力はダメだということを言い表しているということもできます。

できるかぎりの善いことをいろいろするのは素晴らしいことです。でも、善いことをいろいろすることによってお浄土に生まれていこうとするのは否定されます。

ポイント

浄土往生に役立つもの何一つ持たない私たち

Q 19

浄土にゆきたいと思わないが

ご法話で、「お浄土に生まれてゆくためには…」とか、「迷いから出るためには…」などとよく聞くのですが、別にお浄土に生まれたいとも思いませんし、迷いから出るということがどういうことかもわかりません。

A

〝迷い〟を迷いとさえ 知ることができない

世界にはさまざまな宗教がありますが、それぞれの宗教にはその教えの原点もしくは、出発点といえるようなものがあります。たとえば、ユダヤ教・キリスト教・イスラム教のような一神教は、創造神の存在がその教えの原点でしょう。たとえば、ユダヤ教においては神の定めた律法の解釈が最も重要であり、キリスト教における原罪は神の命令に背いた罪です。

では、仏教の原点・出発点はなんでしょうか。お釈迦さまの出家の動機は苦の解決でした。お城の四つの門から出るとき、老人や病人や葬列（死人）に出会って、誰も避けることのできないこれらの苦しみを解決する道を求めて出家されたと伝えられています。浄土三部経の一つである『仏説観無量寿経』にも、お釈迦さまが、「これから〈苦悩《くのう》を除《のぞ》く法《ほう》〉（『註釈版聖典』九七頁）を説く」と述べられます。

お釈迦さまは、苦しみの原因は正しく物事を見ることができないことであると教えられます。そして、正しく物事を見ることを邪魔しているものを煩悩というのです。煩悩の代表的なものとして、貪欲《とんよく》（むさぼり）・瞋恚《しんに》（いかり）・愚痴《ぐち》（おろかさ）の三毒《さんどく》煩悩が挙げられますが、一般的にも、「欲に目がくらんで」とか、「怒りに目がくらんで」とかいわれます。「目がくらむ」というのは、正しく見ることができないということです。「おろかさ」はそのまま正しく見ることができないということです。

迷いということですが、たとえば、道に迷うというのは、自分がどこにいるのかわからない、どこへ行けばいいのかわからないということです。曇鸞大師《どんらんだいし》は、「夏だけ鳴く蝉《せみ》は春も秋も知らない。だから今が夏であるということも知らない」とおっしゃいました。私たちも、生まれる前のことも、死んだ後のことも知りません。だから今生きているということの意味も知らないということになります。

私たちは、今生きていることの意味を知らないということについて、心の底に不安を抱いています。私たちは、日常生活の中では、その不安に目を背けているのですが、時にその無意識の不安が「私は何のために生きているんだろう」というような疑問となるなど、意識の上に浮かび上がってきます。若者である頃は、そのような疑問が出てくるときも多いのですが、年齢を重ねるにしたがって、その不安から目を背けることに慣れてきます。しかし、その不安が解決されているわけではないので、おさえつけられている不安は自分の思い通りにならなくなったときの怒りなど、八つ当たりのような形で噴出したりします。また、欲しいものを手に入れようとの努力によって心を紛らわせようとするのですが、結果として手に入らないとそれが苦しみとなってのしかかってきます。ある意味、無意識の不安が全ての苦しみの根源にあるということもできるでしょう。

この苦しみの解決が仏教の目指すところであり、お浄土に生まれるのはそのためです。

ポイント

苦の解決が仏教の目的だから浄土に生まれる

Q 20

報恩のためのお念仏とは？

ご法話で、お念仏は報恩のためのものであり、阿弥陀さまに救われるよろこびを声に出したものだということを聞きました。「ありがたいなぁ」と思う時もあるのですが、みんなに合わせているだけのお念仏も多いです。これではダメなのでしょうか。

A

自分が称えた行為に　値打ちをみとめない

みんなに合わせてお念仏しているだけということはなく、いつもありがたいなぁと思ってのお念仏しかしていない人は少ないだろうと思います。

さて、報恩のためのお念仏ということですが、蓮如上人は「弥陀《みだ》をたのみて御《おん》たすけを決定《けつじょう》して、御《おん》たすけのありがたさよとよろこぶこころあれば、そのうれしさに念仏申《ねんぶつもう》すばかりなり。すなはち仏恩報謝《ぶっとんほうしゃ》なり」（『註釈版聖典』一二三六頁）とおっしゃっておられます。これは、ご質問にある「阿弥陀さまに救われるよろこびを声に出したもの」という意味です。

しかし、蓮如上人にはまた、「信《しん》のうへは、たふとく思《おも》ひて申《もう》す念仏《ねんぶつ》も、またふと申《もう》す念仏《ねんぶつ》も仏恩《ぶっとん》にそなはるなり」（『同』一二八七頁）とのお言葉もあります。「尊いなあ、ありがたいなあ」と思ってのお念仏も、なんの気なしにふっと出てきたお念仏も、どちらも報恩の念仏だという意味です。どう考えればいいのでしょうか。

ふっと出てきたお念仏も報恩の念仏であるとのお言葉は、最初に、「信のうへは」といわれていますので、他力信心の人のお念仏は、という意味であることがわかります。そして、「仏恩にそなはるなり」の後に、「他宗には親のため、またなにのためなんどとて念仏をつかふなり」というお言葉が続けられます。他宗の念仏と対比して浄土真宗における他力の念仏を明らかにされます。

他宗における念仏は、浄土真宗からすると自力の念仏です。自力の念仏は、「……のためと、念仏をつかう」といわれます。つかうとはどのような意味なのでしょうか。交換条件につかうという意味です。言い換えれば、ギブアンドテイクということで、私はお念仏します、仏さまあなたは私を救ってくださいというようにつかいます。

ところで、交換条件につかうものは、値打ちのあるものでなければなりません。自力の念仏というのは、南無阿弥陀仏と唱える自分の行為に値打ちを認めるものであるということができます。値打ちを認めるので、交換条件にできるとおもうのです。『歎異抄』第五条は、「親鸞《しんらん》は父母《ぶも》の孝養《きょうよう》のためとて、一返《いっぺん》にても念仏申《ねんぶつもう》したること、いまだ候《そうら》はず」（『同』八三四頁）とはじまります。まさに、親鸞聖人のお念仏は「……のための念仏」ではないということです。そして「わがちからにてはげむ善《ぜん》にても候《そうら》はばこそ、念仏《ねんぶつ》を回向《えこう》して父母《ぶも》をもたすけ候《そうら》はめ」（『同』八三五頁）と、私の力で励む善であったならば、その力で父母を助けることができるであろうと続けられますが、これは、お念仏が自分の力で励む善ではないということを意味しています。

浄土真宗の教えは、私たち自身には、迷いから悟りへ歩むのに役立つことはなにもないと知らされ、必ず救うと喚《よ》びかけられている阿弥陀仏の本願に全《すべ》てをまかせるというものです。阿弥陀仏にまかせたもの、つまり他力の信心をいただいたものには、お念仏を役立たせようという心がおこるはずがありません。これが報恩の念仏なのです。

ポイント

他力の信心のうえはすべて報恩のお念仏

Q 21

仏壇の中央の軸が違うが…

わが家の仏壇の中央には仏像が描《か》かれた軸が懸《か》かっていますが、親戚の仏壇の中央の軸には南無阿弥陀仏と書かれています。同じ西本願寺の門徒なのに、どうして違うのでしょうか。また、ある人から浄土真宗の仏壇は中央が南無阿弥陀仏であるべきで、仏像の絵は間違いだといわれました。どうなのでしょうか。

A 本尊の絵像《えぞう》や木像《もくぞう》を否定するのは間違い

南無阿弥陀仏のお名号《みょうごう》と阿弥陀仏との関係についてですが、親鸞聖人の師である法然聖人は、『選択本願念仏集《せんじゃくほんがんねんぶつしゅう》』（『註釈版聖典（七祖篇）』一二〇七頁）において、阿弥陀仏の内に持っておられる功徳《くどく》や外に向けられるはたらきが全《すべ》てお名号に摂《おさ》められているとお示しになります。ですから、お名号とは阿弥陀仏そのものであると受け取ることができます。

親鸞聖人も、『教行信証』「行文類《ぎょうもんるい》」に「いはんやわが弥陀《みだ》は名《な》をもつて物《もの》を接《せっ》したまふ」（『註釈版聖典』一八〇頁）という文を引用されます。ここで「物」といわれているのは衆生《しゅじょう》のことであり、この引用文は阿弥陀仏は名号によって衆生を救われるのだといわれているのです。これも、お名号と阿弥陀仏とは別のものではないことをあらわしています。

親鸞聖人は、「正信偈」に、「無量寿如来《むりょうじゅにょらい》に帰命《きみょう》し、不可思議光《ふかしぎこう》に南無《なも》したてまつる」（『同』二〇三頁）と、自らの阿弥陀仏への帰命（信）を述べられます。

その他、『浄土和讃』の最初に、阿弥陀仏のことを真実明《しんじつみょう》・平等覚《びょうどうかく》・難思議《なんじぎ》・畢《ひっ》竟依《きょうえ》・大応供《だいおうぐ》等と号《なづ》く（取意、『同』五五六頁）とお示しになった後、「讃阿弥《さんあみ》陀仏偈和讃《だぶつげわさん》」に、「真実明《しんじつみょう》に帰命《きみょう》せよ」「平等覚《びょうどうかく》に帰命《きみょう》せよ」「難思議《なんじぎ》を帰命《きみょう》せよ」（『同』五五七頁）等と阿弥陀仏への帰命（信）をお勧めになります。

そして、第十八願成就文《じょうじゅもん》の「あらゆる衆生《しゅじょう》、その名号《みょうごう》を聞《き》きて信心歓喜《しんじんかんぎ》せんこと」（『同』四一頁）の「聞く」について、『一念多念文意《いちねんたねんもんい》』に「きくといふは、本願《ほんがん》をききて疑《うたが》ふこころなきを『聞《もん》』といふなり。またきくといふは、信心《しんじん》をあらはす御《み》のりなり」（『同』六七八頁）といわれ、お名号を聞くのはお名号を信じることだとお示しになります。

また、同じ『一念多念文意』に、「回向《えこう》」について「本願《ほんがん》の名号《みょうごう》をもつて十方《じっぽう》の衆生《しゅじょう》にあたへたまふ御《み》のりなり」（『同』六七八頁）といわれ、『正像末和讃《しょうぞうまつわさん》』には、「如来二種《にょらいにしゅ》の回向《えこう》を　ふかく信《しん》ずるひとはみな」（『同』六〇四頁）と回向（＝名号）を信じると讃詠《さんえい》されます。つまり、親鸞聖人は信の対象を阿弥陀仏と名号との両方でお示しになるのです。阿弥陀仏とお名号とが別なものではないからです。

仏壇の中央に懸《か》けるご本尊は、信の対象、帰命の対象、帰依《きえ》の対象ですから、お名号でも阿弥陀仏を絵であらわしたご絵像でも、彫刻であらわしたお木像でもかまわないということになります。お名号がよくて、ご絵像やお木像は間違いだというのは、お名号と阿弥陀仏とを区別して、一方にとらわれているのであり、そのようなとらわれこそが間違いなのです。

お名号が正しいというのは、親鸞聖人が遺されたご本尊がお名号のみであることや、「木像《もくぞう》よりは絵像《えぞう》、絵像《えぞう》よりは名号《みょうごう》」（『同』一二五三頁）との蓮如上人のお言葉によるのでしょう。しかし、親鸞聖人の名号本尊は晩年のものであり、それ以前はお木像やご絵像を用いておられたといわれ、蓮如上人建立の山科本願寺のご本尊はお木像です。お二人とも、決してお木像やご絵像を否定しておられません。

ポイント

阿弥陀仏と名号は別のものではない

Q 22

仏さまと神さまの違いは？

仏さまと神さまの違いは何でしょうか。仏教にも神さまがいらっしゃると聞きましたが。

A 神は「迷いの衆生」で　日本では「権現《ごんげん》」とも

仏教における神々の位置づけには二つあります。一つは、迷いの衆生《しゅじょう》という位置づけです。仏教では、迷いの衆生には、地獄《じごく》・餓鬼《がき》・畜生《ちくしょう》・修羅《しゅら》・人《にん》・天《てん》という六つのあり方があると説かれていますが、その最後の天が神々のことです。七福神の弁天（詳しくいえば弁財天）さまや毘沙門天《びしゃもん》、寅さんで有名な帝釈天《たいしゃく》などで、もともとはインドの神々です。つまり、神々は迷いの衆生であるというのが、一つめの位置づけです。

二つめは、神々は仏さまが仮にすがたを現されたお方であるというものです。権現《ごんげん》ということばがありますが、権というのは仮にという意味で、仏さまが、日本の人々に仏教との縁を結ばせるために、仮に日本の神々となって現れた存在を権現というのです。

一つめの位置づけですが、神々は迷いの衆生ですから、仏さまのご教化《きょうけ》を受けるべき存在です。そして、仏さまのご教化を受けた神々の中でそのご教化に素直にしたがう神々は、仏道（迷いから悟りへの道）を歩む人々を護る神々になられます。

親鸞聖人は、『浄土和讃』に、

天神《てんじん》・地祇《じぎ》はことごとく　善鬼神《ぜんきじん》となづけたり
　これらの善神《ぜんじん》みなともに　念仏《ねんぶつ》のひとをまもるなり

（『註釈版聖典』五七五頁）

と讃詠《さんえい》され、このような神々は善鬼神であり、他力の念仏者を護るのであると示されます。また、仏さまのご教化を受けた神々の中でそのご教化に背《そむ》く神々もいます。このような神々は仏道を歩む人々の歩みを妨げようとします。

親鸞聖人は、同じく『浄土和讃』に、

願力不思議《がんりきふしぎ》の信心《しんじん》は　大菩提心《だいぼだいしん》なりければ
　天地《てんち》にみてる悪鬼神《あくきじん》　みなことごとくおそるなり

（『同』）

と讃詠され、このような神々は悪鬼神であるが、他力信心の人をおそれ、その歩みを妨げることはできないと示されます。

二つめの位置づけですが、このような考え方を本地垂迹《ほんじすいじゃく》といいます。つまり、仏さまを本地とし、神々を本地である仏さまの垂迹（仮にすがたを現した存在）とするのです。この本地垂迹は、明治以前までは日本の一般的な考え方でした。

しかし、親鸞聖人が神々について言及されるとき、ほとんどが神々は迷いの衆生であるというお示しです。『教行信証』「化身土文類《けしんどもんるい》」には、中国の神々である伏羲《ふくぎ》・女媧《じょか》を菩薩の化身《けしん》と説かれる『弁正論《べんしょう》』が引用（『同』四六三頁）されますので、神々は仏さまの化身であるという考え方が全くないとはいえないのですが、親鸞聖人のお示しの中心は仏さまに教化される神々というものでしょう。

そして、親鸞聖人は、決して神々に帰依《きえ》してはならない、つかえてはならないと誡《いまし》められるのですが、一方では、「ご消息《しょうそく》」に、「よろづの神祇《じんぎ》・冥道《みょうどう》をあなづりすてたてまつると申《もう》すこと、この事《こと》ゆめゆめなきことなり」（『同』七八六頁）と神々を見くびって捨ててはならないとお示しになることにも注意を払う必要があります。

ポイント

帰依はしないけれど
軽んじてはいけない

Q 23

宇宙の西？西方浄土とは

西方浄土といわれますが、宇宙においては西も東もないと思います。現代の私たちはどう考えればよいのでしょうか。

A 十方に仏さまの国 西方は阿弥陀さま

お浄土というのは、実はたくさんあります。仏さまはそれぞれご自分のお浄土をお持ちです。東西南北を四方といい、東南・東北・西南・西北を加えて八方といいます。それに上下を加えると十方《じっぽう》ということになります。四方八方は平面的にあらゆる方向を意味し、十方は立体的にあらゆる方向を意味します。そして、十方に仏さまがおられるので、十方にお浄土があることになります。そして、その中で阿弥陀仏のお浄土は西にあると説かれます。

『高僧和讃』には、

世俗《せぞく》の君子《くんし》幸臨《こうりん》し　勅《ちょく》して浄土《じょうど》のゆゑをとふ
十方仏国《じっぽうぶっこく》浄土《じょうど》なり　なにによりてか西《にし》にある

（『註釈版聖典』五八二頁）

と、魏《ぎ》の皇帝が、十方にお浄土があるのに、なぜ西方の阿弥陀仏のお浄土のみを願うのかと曇鸞大師《どんらんだいし》に質問されたとのエピソードが取りあげられています。

ところで、阿弥陀仏のお浄土が西にあるというのは、お経に説かれることです。お経というのは、お釈迦さまのお言葉と位置づけられてきました。お釈迦さまというのは仏さまであり、仏教では、「仏語に虚妄《こもう》なし」、つまり仏さまのお言葉には嘘《うそ》いつわりはないといわれます。仏教徒としての第一歩は、まず仏さまの教えを信頼することだともいわれるのです。その意味からしますと、阿弥陀仏のお浄土が西にあるということを科学的知識のない昔の人の見方だと考えてしまうのでは、お釈迦さまの言葉を信頼していないことになります。そうではなくて、お浄土が西にあると説くことによって、お釈迦さまは私たちに何を明らかにされようとしたのかを考えることが重要です。

東西南北というのは地球の上での方角であり、飛行機で西へ西へと飛んでも元の場所へ戻ってくるだけで、お浄土に到着することはできません。また、西の空と考えても、日本から見ての西の空とブラジルから見ての西の空とは真反対です。しかも、地球は自転しているのですから、西という方角は刻々と変わり、十二時間で真反対の方角になります。こんなことをいくら考えても答えは出てきません。

東西は地球の上での見方だとか、地球は丸いとか、地球はちょうど一日で一回転するとか、頭で知っている知識に基づくのではなく、私たちがどのように感じているのかによってみましょう。太陽は、朝になると東の空に昇ってきます。夕方になると西の空に沈んでゆきます。これが私たちの感じ方なのです。実は、地球が回ることによって太陽がだんだん見えるようになる時を朝といい、逆にだんだん見えなくなってゆく時を夕方というのです。太陽が動いているのではなく、地球が動いているのです。

私たちの感じ方からすれば、太陽は東から生まれてきて成長してだんだん力強くなり、そして老化して弱ってゆき西の空に沈むという死を迎えます。私たちが命終わってゆく方角も西なのです。私たちの命の終わりに阿弥陀仏の世界があるというのが西方浄土の教えであると受けとめることができるでしょう。

ポイント

太陽の沈んでゆく方角
命が終わってゆく方角

Q 24

自然に出る念仏が他力？

浄土真宗の念仏は他力の念仏であり、自然に口からこぼれ出てくるものだと聞いています。先日、本願寺で、僧侶の方から「さあ皆さま、ご一緒にお念仏申しましょう」と言われましたが、他から言われて念仏するのは、自然に口からこぼれる念仏ではないように思いますが、いいのでしょうか。

A

心まかせではなく 努めて念仏をする

たしかに、親鸞聖人は浄土真宗のお念仏は他力のお念仏であるとお示しになります。そして、他力とは阿弥陀仏の救いの力であり、他力のお念仏とは阿弥陀仏の力によるお念仏、いいかえれば阿弥陀仏のはたらきかけによって出るお念仏という意味です。

少しその構造を説明してみましょう。阿弥陀仏の力・はたらきは、私たちにわかるあり方としては南無阿弥陀仏というあり方をしています。その南無阿弥陀仏は、文字として私たちに見られ、声として私たちに聞かれ、また釈尊および親鸞聖人をはじめとする多くの方々によってその内容が説明されることによって私たちに理解されるというかたちで私たちにはたらきかけてきます。そのようなはたらきかけによって南無阿弥陀仏が私たちの心に届いてきます。

届いた南無阿弥陀仏が私たちの心ではたらくとき、それを他力の信心といいます。そして、心ではたらいている南無阿弥陀仏が口に出てきてお念仏の声になります。

これが、他力のお念仏なのです。

『歎異抄』の第一条には、

弥陀《みだ》の誓願不思議《せいがんふしぎ》にたすけられまゐらせて、往生《おうじょう》をばとぐるなりと信《しん》じて念仏申《ねんぶつもう》さんとおもひたつこころのおこるとき　（『註釈版聖典』八三一頁）

といわれていますが、南無阿弥陀仏が心ではたらいているすがたが、「弥陀の誓願不思議にたすけられまゐらせて、往生をばとぐるなりと信じ」る心であり、その信心はそのまま「念仏申さんとおもひたつこころ」なので、お念仏の声が出てくるのは当然です。

他力の信心はそのままお念仏しようという心なのですが、その心は一日二十四時間、つねに意識されているわけではありません。普通、意識の下に潜んでいるその心が、なにかのきっかけによって意識の上に浮かび上がりお念仏の声となります。「有り難いなあ」という心がわき上がった時、お念仏しようという心が意識されるまもなくお念仏の声が出てくるときもあります。これが自然に口からこぼれ出てくるお念仏です。これを、心の中にあふれている南無阿弥陀仏が口にこぼれ出てきたと表現することも可能でしょう。

また、「お念仏申しましょう」という外からの声が、意識の下に潜んでいる「お念仏しよう」という心を意識の上に浮かび上がらせるきっかけになります。

『蓮如上人御一代記聞書《れんにょしょうにんごいちだいききがき》』第五十五条には、

実如《じつにょ》上人がたびたび仰《おお》せになりました。「〈仏法のことは、自分の心にまかせておくのではなく、心がけて努めなければならない〉と蓮如上人はお示しになった。愚かな自分の心にまかせていては駄目である。自分の心にまかせず、心がけて努めるのは阿弥陀仏のはたらきによるのである」と。

（『蓮如上人御一代記聞書（現代語版）』四三頁）

といわれていますが、これは、自然にお念仏の声が出てくるのをただ待つのではなく、意識してお念仏することの大切さを教えてくださっているといただくことができるでしょう。

ポイント

意識して念仏するのも阿弥陀さまのはたらき

Q 25

蓮如上人の教えは違う？

最近読んだ本に、蓮如上人は親鸞聖人の教えをねじ曲げたと書いてありました。その本では、蓮如上人の言葉と親鸞聖人の言葉とを並べて、こんなに違うと指摘してありました。でも、お寺にお参りしますと、法話の最後には蓮如上人の『御文章』が読まれます。どう考えればいいのでしょうか。

A

時代で変化する言葉　本質見る姿勢が大切

まず、親鸞聖人の教えと蓮如上人の教えとを比べるとき、お二人の言葉が私たちに何を伝えようとしておられるのか、正確に理解することが大切です。しかし、正確に理解するのは簡単ではありません。時代によって言葉は違いますし、また風潮も変わってきますので、ご法義を伝えるに当たっての、それぞれの時代の風潮に基づいた表現ということもあります。

浄土真宗のご法義は親鸞聖人によって明らかにされたものですから、まず親鸞聖人のお言葉を正確に理解することが最も大切でしょう。そして、その親鸞聖人によって明らかにされたご法義を、その時代の風潮からして最も伝わりやすい方法で表現されたのであろうという姿勢で、蓮如上人のお言葉を考えてみることが、私たちには必要なのではないでしょうか。

私も、親鸞聖人の教えと蓮如上人の教えとは違うという趣旨の文章を目にすることもあるのですが、そう主張する方のご法義のとらえ方が、親鸞聖人によって明らかにされたご法義とは少しずれているのではないかと感じる時もあり、時に蓮如上人のお言葉に対する誤読もあるように思います。そして、なによりも、親鸞聖人と蓮如上人の違いを明らかにすることに精力を注いでいるように思えるのですが、そのような姿勢でいいのだろうかと思います。

親鸞聖人の教えと蓮如上人の教えとが異なっていると言われる方は、よく親鸞聖人に還《かえ》れと言われます。親鸞聖人以降は、聖人の教えが変化してきたので、親鸞聖人に還らなければならないと言われるのです。しかし、親鸞聖人は、釈尊の教えは釈尊以降変化してきたので、釈尊に還らなければならないとはおっしゃいません。親鸞聖人と同時代の方で、釈尊に還れと主張されたのは、法然聖人の教えを批判した旧仏教の方々でした。親鸞聖人は、逆に釈尊以降、七高僧を通して、ご法義が連綿と伝えられてきたことを感謝しておられます。

七高僧の教えですが、公平に見て親鸞聖人の教えとは違うのではないかと思われるお示しも種々見られます。たとえば、道綽禅師《どうしゃくぜんじ》の『安楽集《あんらくしゅう》』や源信和尚《げんしんかしょう》の『往生要集《おうじょうようしゅう》』には、諸行《しょぎょう》（お念仏以外の行《ぎょう》）によって浄土に生まれてゆく道が説かれています。しかし、親鸞聖人は、諸行による浄土往生のお示しは、道綽禅師の教えや源信和尚の教えの本質ではないと見られたと思われます。そのようなことよりも、道綽禅師においては、この世界で仏の悟りを求める聖道門《しょうどうもん》と阿弥陀仏の浄土で仏の悟りを求める浄土門とは異なったご法義であると示されたことこそが素晴らしいと讃《ほ》め嘆《たた》えられ、また源信和尚においては、阿弥陀仏の浄土に真実の浄土と方便の浄土とがあると示されたことを他力・自力の違いを明確にされたと讃め嘆えられるのです。

蓮如上人の教えのここが違うそこが違うと目くじらをたてるよりも、蓮如上人のお言葉の中の素晴らしいものに感謝することこそが、親鸞聖人の姿勢に学ぶということになるのではないでしょうか。

ポイント

最も伝わりやすい表現で法義を示された蓮如上人

Q 26 なぜ自力の念仏はダメ？

　自力の念仏でも浄土に生まれることができるが、その浄土は仮の浄土であり、そこでは本当の阿弥陀さまに出会えないと教えていただきました。仮の浄土でも、この世界よりもはるかに素晴らしい世界なので、自力の念仏で仮の浄土に生まれてもかまわないと思いますが、ダメでしょうか。

A

自力の念仏では結局仮の浄土にもゆけず

親鸞聖人は、自力によって生まれてゆく仮の浄土と他力によって生まれてゆく真実の浄土とをはっきりと区別されました。浄土というのは悟りの世界であり、悟りは蓮の華でたとえられます。蓮は泥の中から生えてきて清らかな華を咲かせるので、自己中心性によって汚れた迷いの世界のまっただ中で開かれた悟りを蓮の華にたとえるのです。

そこで、浄土に生まれるのも蓮の華の中に生まれるといわれます。ところが、龍樹菩薩は、「もし人善根《ひとぜんごん》を種《う》ゑて疑《うたが》へば、すなはち華開《はなひら》けず。信心清浄《しんじんしょうじょう》なるものは、華開《はなひら》けてすなはち仏《ぶつ》を見《み》たてまつる」(『註釈版聖典』一五三頁)といわれ、親鸞聖人は本願を疑うと華が開かず、本願を信じると華が開くと受け取られました。華が開いていると浄土の全体が自分の世界になりますが、華が閉じているとせっかく浄土に生まれながら、華の中だけが自分の世界になってしまいます。ですから、華が閉じている世界（親鸞聖人は、これを方便化土《ほうべんけど》といわれます）に生まれると本当の阿弥陀仏に出遇《あ》うことができません。

蓮の華が開いている、閉じていると表現されますが、結局は開かれた世界なのか、閉ざされた世界なのかということです。本願を疑うのは阿弥陀仏の救いに対して心を閉ざすのであり、本願を信じるのは救いに対して心を開くのです。心を閉ざしているので閉ざされた世界に生まれ、心を開いているので開かれた世界に生まれると受け取ることができるでしょう。

方便化土は閉ざされた世界ですから、牢獄《ろうごく》にたとえられます。しかし、この牢獄は、七宝《しっぽう》で飾られた牢獄だといわれます。そこには、きっとふかふかの寝具が敷《し》かれた天蓋《てんがい》付きの立派な寝台があるのでしょう。親鸞聖人は「御消息《ごしょうそく》」に、方便化土に生まれると「不可思議のたのしみにあふ」（『同』七四九頁）と述べておられます。その意味で、方便化土はこの娑婆《しゃば》世界よりもはるかに素晴らしい世界だということができ、たとい真実の浄土には及びもつかない世界でも、この世界に留まるよりはずっといいというご質問の趣旨にはうなづくことができます。しかし、本当に自力の念仏で仮の浄土に生まれることができるのか、もう一度考えてみる必要があります。

親鸞聖人は自力念仏による方便化土への往生が誓われているのは第二十願であるとお示しになります。この第二十願には、自力の念仏とともに至心《ししん》・回向《えこう》・欲生《よくしょう》という三つの心が誓われていますが、これは自力の信心です。実は、第二十願には自力の念仏の積み重ねによって自力の信心を確立したものの仮の浄土への往生が誓われているのです。そして三つの心の中、至心というのは真実心という意味であり、いくら一所懸命に念仏を積み重ねても、自分の信心を真実心にできなければ、仮の浄土にも往生することはできません。結局自分の心を真実にできない私たちには、阿弥陀仏の本願に自らの全《すべ》てをゆだねるという他力の信心によって真実の浄土に往生してゆくという道しか無いのです。

ポイント

私たちには他力のみ
方便化土は閉ざされた牢獄

Q 27

念仏は値打ちのない行《ぎょう》？

比叡山や大峰山、また永平寺などでは厳しい厳しい修行が行われていると聞きました。そんな行をしている行者さんは素晴らしいと思います。それに比べてただ口に南無阿弥陀仏と唱えるだけでしたら誰でもできるので、値打ちがないように思います。どうなのでしょうか。

A

称える行為ではなく 名号《みょうごう》に値打ちがある

まず、仏教における行《ぎょう》の意義について考えてみましょう。仏教は、迷いから悟りへの道を教えます。龍谷大学の学長や勧学寮頭《りょうとう》を歴任された仏教学の泰斗《たいと》、故武邑尚邦和上《たけむらしょうほうわじょう》は、仏教は成仏道《じょうぶつどう》を教えるのであるとおっしゃっていました。日本の仏教だけでも多くの宗派があり、それぞれの宗派の教えはそれぞれ異なっています。しかし、私たちの今のあり方は迷いというあり方であり、目指すべきあり方は悟りというあり方であるという点においては、全《すべ》て共通しているということができます。

そして、仏教における行とは、その成仏道を歩むためのものなのです。『法華玄義《ほっけげんぎ》』という書物には、智慧の目と行の足とで悟りの境地に至ると説かれています。「行」という言葉の訓読みには、「おこなう」と「ゆく」とがありますが、仏教の行にもこの二つの意味があります。仏教で一般的な自力の行においては、その人の行いがその人を悟りに向かって歩ませます。この時には、悟りに向かって進むはたらきを持つ行いは命がけの厳しい行いであると考えられるのが普通です。ご質問にある比叡山等で行われている行は、このような行です。ここでは、誰でもできる簡単な行は、悟りに向かって進ませる力をほとんど持っていないと考えられています。

しかし、親鸞聖人が明らかにされた他力の念仏は、私たちの行いが悟りに向かって進ませる力を持っているのではなく、阿弥陀仏のはたらきが私たちを悟りへ運んでくださるのです。そこで、浄土真宗では阿弥陀仏の救いのはたらきである本願力《りき》、すなわち名号が行であるとされます。そして、名号はじっとしているものではなく、私たちの信心となり、念仏となって活動します。念仏の値打ちは、南無阿弥陀仏と称《とな》える私たちの行為にあるのではなく、称えられる南無阿弥陀仏にあります。言い換《か》えますと、私たちの念仏となって活動している南無阿弥陀仏に値打ちがあるのです。

親鸞聖人は、念仏と念仏以外の行（聖人は、これを「諸善《しょぜん》」といわれます）とを比較して、念仏は阿弥陀仏の徳そのもの（果徳《かとく》）であり、念仏以外の行はまだ仏になっていないものの行い（因行《いんぎょう》）であるといわれます（『註釈版聖典』一九九頁）。仏の徳そのものの値打ちとまだ仏になっていないものの行い（大峰山や比叡山で行われている厳しい修行もこれです）の値打ちとでは、比較できないほど前者がすぐれているということができるでしょう。

また、念仏は程度の低いもののための行であって程度の低い行、厳しい修行は程度の高いもののための行であって程度の高い行という考え方もあります。これは、教科書の練習問題のようなとらえ方です。小学一年生の算数の教科書の練習問題と、高校三年生の数学の教科書の練習問題とでは、前者の程度は低く、後者の程度は高いということができます。しかし、行を薬としてとらえますと、他のどの薬も治せない病気を治す薬が最も素晴らしい薬であるように、他の行では悟りへ進むことのできない人に悟りを開かせる念仏が最も素晴らしい行なのです。

ポイント

念仏は仏の徳そのもの
誰もが悟り開ける最高の行

Q 28

本願を疑うと地獄に？

本願を疑うと地獄に堕《お》ちると聞きました。本願があるからこそ信じたり疑ったりするのだと思います。そもそも本願がなかったならば、疑うということもないでしょう。阿弥陀仏は本願をおこすことによって、逆に地獄に堕ちる原因をつくったことになるのではないでしょうか。

A

本願を疑う心は自力　自力は信罪福心《しんざいふくしん》とも

確かに、本願を信じると浄土に生まれ、本願を疑うと地獄に堕ちるといわれます。本願を信じることが浄土に生まれる因であるならば、本願を疑うことが地獄に堕ちる因であると受け取るのが普通でしょう。また、本願があるからこそ信じたり疑ったりするのではないかというのも普通の疑問です。しかし、ご質問については二つのことを検討する必要があります。第一には本願を疑うというのはどのようなあり方なのかということであり、第二には地獄に堕ちる因は本当に本願を疑うことなのかということです。

まず、本願を疑うというのはどのようなあり方なのかというと、親鸞聖人は本願を疑う心とは自力の心であり、これを信罪福心《しんざいふくしん》とも示されます。信罪福心とは、罪を信じ福を信じる心であり、悪は罪であるから必然的に罰を受け、善は必ず福を招くと信じる心です。往生浄土の教えについていうと、悪を行うと地獄に堕ちるとの罰を受け、善を行うと浄土に生まれるとの福を招くと信じ、地獄に堕ちず浄土に生まれるためには悪を行わず善を積み重ねなければならないと思う心が信罪福心です。

悪を行うと罰を受け、善を行うと福を招く等の、自分の行いの結果を自分が受けるというのは、仏教の常識の一つとも考えられ、決して否定するべきものではありません。しかし、本願の救いという場においては、本願による救いの力は悪を犯したものを救えないと思ったり、善を行うという福を招く力を加えないと救われないと思ったりする信罪福心は、本願による救いの力を低くみるということで、結局は本願を疑っていることになります。

自分の行いの結果を自分が受けるというのは、たとえば頑張れば仕事や学校の成績が上がる等のように、私たちの普通の考え方だということができます。親鸞聖人は、そのような私たちの本来的なあり方を無限の過去から自力というあり方であったとお示しになります。本願に出遇《あ》った時にその自力というあり方が疑いというかたちであらわれてくると考えられます。

第二の地獄に堕ちる因は、本当に本願を疑うことなのかということですが、地獄に堕ちる因は本願を疑うことではありません。無明煩悩という自己中心的なあり方が地獄に堕ちる因なのです。ではなぜ本願を疑うと地獄に堕ちるといわれるのかというと、それは薬を飲まないから死んだというい方と同じです。死の因は病気です。最も根本的には、生きているということ自体が死の因なのですが、それはおいておきます。死の因は病気なのですが、病気を治す薬を飲まなかったときに薬を飲まないから死んだといわれます。同じように、地獄に堕ちる因は無明煩悩ですが、無明煩悩の私たちを浄土に生まれさせる本願を疑う（受け入れない）と地獄に堕ちるので、本願を疑うと地獄に堕ちるといわれるのです。

私たちの本来的なあり方は自力というあり方であり、無明煩悩が満ち満ちている私たちが浄土に生まれることができるのは、本願の救いを受け入れること一つなのです。

ポイント

地獄におちる原因は本願を疑うことでなく無明煩悩

Q 29

気を失うと救われない？

『往生礼讃《おうじょうらいさん》』のおつとめをしていましたら、「心不失念《しんぷしつねん》」という言葉が出てきました。実は、私は時々意識を失うという病気を持っていますが、「心不失念」とは、意識を失わないという意味じゃないかと思います。私のような病気を持っているものは救われないのでしょうか。

A

私が確かなのでなく 確かなご法義を聞く

まず、『往生礼讃偈《おうじょうらいさんげ》』の言葉について少し説明します。『往生礼讃偈』では、その前に「願弟子等臨命終時」という言葉があり、仏弟子方よ、命《いのち》終《お》わるとき阿弥陀仏を念《おも》う心が失われないように願っています、との意味です。意識を失わないという意味ではありません。

時々意識を失うというご病気をお持ちとのことですが、きっといろいろなご苦労があるのでしょうね。そのような病気を持っていない私（他の病気は持っています）には、どれほどのご苦労があるかは理解できませんが、理解できないほどのご苦労がおありだろうということは理解できます。

さて、仏教は苦しみの解決を説く教えです。『仏説観無量寿経』には、釈尊が、「仏《ぶつ》、まさになんぢがために苦悩《くのう》を除《のぞ》く法《ほう》を分別《ふんべつ》し解説《げせつ》すべし」（『註釈版聖典』九七頁）と述べられます。どのように苦しみを解決するのかというと、「第一の矢は受けるが、第二の矢は受けない」と説かれます。どういう意味かというと、たとえば誰かの不注意によってけがをしてしまったとき、けがの痛みが第一の矢です。相手の不注意を恨みながら、外面は大丈夫だといってにこにこすることによるストレス等が第二の矢です。病気は生老病死の四苦の一つですが、病気そのものの肉体的な苦しみの解決は医学の領分です。しかし、病気による不安やストレス等を解決してゆくのが仏教の領分なのです。

ご質問の趣旨からしますと、ご病気そのものの苦しみが第一の矢であり、私のような病気を持っているものは救われないのではないかと不安に思うのが第二の矢です。もう少し言い方を広げますと、私のような病気を持っているものはダメな人間じゃないかと思い悩むのが第二の矢です。阿弥陀仏の目から見ると、特定の人たちが特にダメな存在なのではありません。ダメだというならば、全ての存在が同じようにダメだということになります。そして、そのダメな存在に大きな慈しみの眼を注がれて、必ず救うとの願いを発し、その願い通りに活動し続けておられるのが阿弥陀仏です。

時々意識を失うということと救われるか否かということに話をもどしますが、救われるか否かは信心の有無によるのであり、他力の信心とは、阿弥陀仏の救いの力が私の心に届いたところをいいます。そして、他力の信心は何があっても壊れることはなく、また中断することはありません。一方、私たちの意識は常に途切れることなくずっと続くわけではありません。眠りが深いとき、また気絶したとき等は意識が途切れます。しかし、意識が無くても、信心は心の奥底深く途切れることなく続いています。時々意識が途切れることがあるかないかは、救われるかどうかとは無関係です。

私たちはよく第二の矢を受けるのですが、ある先輩は、ご法義を聞いて私が確かになるのではない、確かなご法義を聞くのだと教えてくださいます。これに準じていうと、ご法義を聞くと第二の矢を受けなくなるのではない、たとい第二の矢を受けても救われるご法義を聞くのだということになります。

ポイント

意識が時々途切れても他力の信心は壊れない

Q 30

ペットの葬儀はいいの？

時々ペットのお葬式ということを目にしますが、犬や猫などのお葬式をしてもいいのだろうかと思うことがあります。浄土真宗の教えからすると、どうなのでしょうか。

A 仏教では命の重さに 重い軽いはつけない

まず、阿弥陀仏の願いはどのようなもののためなのかを確認しましょう。本願には「十方衆生《じっぽうしゅじょう》」と誓われていますが、「十方衆生」とは、あらゆる方向にいる生きとし生けるものすべてのことであり、決して人間だけのことではありません。『教行信証《きょうぎょうしんしょう》』「行文類《ぎょうもんるい》」に引用される『大阿弥陀経』（無量寿経の異訳）には「諸天《しょてん》・人民《にんみん》、蜎飛蠕動《けんぴねんどう》の類《たぐい》」（『註釈版聖典』一四三頁）と「衆生」が具体的に示されています。「蜎飛」は飛びまわる小虫、「蠕動」は地にうごめく虫ですから、蚊《か》やハエ、またミミズやウジ虫まで阿弥陀仏の救おうという願いの対象なのです。

釈尊が釈迦族の王子としてお生まれになる以前にさまざまな命を生きられたとの話を集めた本生譚《ほんじょうたん》（ジャータカ）の中には、人間の命も鳩の命も命の重さは等しいという話も出てきます。仏教では命の重さに軽重はつけないのです。友人から聞いたのですが、おそらくチベットでの話だったと思います。その地の人たちは、魚は食べないが、ヤクという動物（ウシ科の哺乳類で体長は約三メートル）は食べるそうです。なぜならば、魚は小さいので、一人が満腹になるためには何尾も食べなければならないが、ヤクは大きいので、一頭で何人もが満腹になるからだそうです。生きていくためには他の命を奪わなくてはならないが、奪う命の数は少ない方がいいという考え方です。魚の命もヤクの命も命の重さは等しいということで、命に軽重を見ないという仏教の理念が、このような形で生きています。

一方で、イルカやクジラは知能が高いから殺してはいけないが、牛はそれほど知能が高くないので殺してもいいという人たちがいます。しかし、知能の高低によって命に軽重をつけるのには賛成できません。突き詰めれば、同じ人間の命にも知能の高低によって軽重をつけることになりかねないからです。

『歎異抄《たんにしょう》』第五条には、「一切《いっさい》の有情《うじょう》はみなもつて世々生々《せせしょうじょう》の父母《ぶも》・兄弟《きょうだい》なり」（『同』八三四頁）という親鸞聖人の言葉が出てまいります。「有情」は「衆生」と同じ原語で訳語が異なるだけです。つまり生きとし生けるもの全《すべ》ては、何度も何度も命を繰り返しているうちに、親子や兄弟・姉妹となっているという意味です。私の以前の命はミミズであったこともあるでしょうし、以前の命で私の親であったものが、今はハエになっているかもしれないという意味です。やはり、命に軽重を見ないということにつながります。

私たちは、阿弥陀仏のように、人間も犬や猫も蚊やハエもみな同じように視《み》ることはできません。多くの人にとって、犬や猫はかわいいですが、ハエやミミズはかわいくないでしょう。

しかし、これまで述べてまいりましたことから、人の葬儀は行《おこな》ってもよいが、犬や猫の葬儀は行ってはいけないという道理は出てこないと思います。

また、人間の利益のみを追求してきたことが環境の悪化につながってきたと指摘される現在、蚊やハエ等をも含めた一切衆生を救済の対象とする誓願を聞くことの意義をあらためて確認する必要があるでしょう。

ポイント

ダメという道理ない
すべての命が救いの対象

Q 31

中陰は七日目以外はダメ？

親戚が亡くなり、初七日からほぼ一週間おきにお坊さんに来ていただいたのですが、きちっと七日目ではないように思いますし、ある人から七日目に当たる日にお経《きょう》をもらわないと意味がないといわれました。どうなのでしょうか。

A

中陰法要の意味は　真宗と一般では違う

まず、初七日《しょなぬか》・二七日《ふたなぬか》等を中陰《ちゅういん》というのですが、亡くなられた日を一日目として七日目が初七日で、以下同様に二七日…となります。そして、仏教の節目のおつとめは前日の午後から当日の午前までということですので、どちらをとるのかによって一日の違いができます。

さて、初七日等のおつとめはどのような意味があるのでしょうか。仏教では、命は一回限りではなく、今の命を終えると次の命を受け、その命を終えるとまた次の命を受けるというように、ずっと続いてゆくと考えます。また、今の命の前には別の命を受けていて、その命の前にはまた別の命をというように、無限の過去から無限の未来にかけて生まれ死に、生まれ死にを繰り返す中での今の命を生きているということです。これは迷いの命のあり方であり、悟りの命をいただくと、生まれ死にの繰り返しは断ち切られます。

迷いの命を受けている中、次に受ける命がどのような命なのかは、その前の命を生きた間どのような行《おこな》いをしたのかによって決まります。閻魔《えんま》大王が浄玻璃《じょうはり》の鏡で亡者の一生の行いを照らし出して次に受ける命を決めるというのは、それをわかりやすく表現した説話です。

ところで、一生涯の行いによって次に受ける命が決まるといっても、命終わってもすぐには決まりません。以下の状態をイメージしてみてください。大きなガラスの桶《おけ》に二本のホースから泥《どろ》と清水とが注ぎ込まれています。泥が悪、清水が善のたとえです。命が終わると泥も清水も注ぎ込まれなくなりますが、その時点では泥と清水とが混ざり合って、泥と清水との多少はわかりません。しかし、しばらくすると泥が下に溜《た》まり、上層は清水にと分離して、どちらが多いのかわかるようになります。このように、命終わった直後は、悪と善とどちらがどれほど多いのかわかりませんが、しばらくたつとわかるようになります。早い場合は七日たつとわかり、遅い場合でも四十九日《しじゅうくにち》たつとわかるといわれます。

この一つの命が終わってから次の命を受けるまでの間を中陰または中有《ちゅうう》といい、善悪の多少がはっきりして次に受ける命が決まる時、こちら側から清水を足すのが追善《ついぜん》です。『歎異抄』で親鸞聖人が否定された父母《ぶも》孝養《きょうよう》の念仏は追善の念仏です。

初七日等にお経を読むのは一般的には追善のためであり、そのためには正確に節目となる七日目に経を読む必要があります。

しかし、浄土真宗の初七日・二七日等の意味は違います。清水（善）のみや泥（悪）のみの場合には、泥と水とが分かれる期間は必要ないので、極善《ごくぜん》と極悪とには中陰なしといわれます。親鸞聖人は、ご自身の有り様《よう》について、命の終わりを待つまでもなく「地獄《じごく》は一定《いちじょう》すみか」（『註釈版聖典』八三三頁）といわれますし、そのような身が阿弥陀仏の光に摂《おさ》め取られて浄土往生間違いなしとなるのです。いずれにしても、一般的な意味の中陰はなく、一般の習慣にしたがって七日ごとにご法義を聞く機会を持つのが、浄土真宗の中陰の意義であり、正確に七日目である必要はありません。

ポイント

正確でなくてもよい
聞法の機会もつことが意義

Q 32

真宗では「忌」は使わない？

父が亡くなり、地域の習慣の通り家の前に「忌中」の紙を貼ったところ、お坊さんから「浄土真宗」では「忌」という言葉を使わないといわれました。そんなものかと思っていたのですが、本願寺では「七百五十回大遠忌」や「御正忌報恩講」といっています。どういうことなのでしょうか。

A

死はけがれでなく 煩悩こそがけがれ

たしかに「忌中」という言葉は浄土真宗では使いません。また、法然聖人がさまざまな問いに対して答えられている『百四十五箇条問答』という書物には、「七歳の子が死んで〈忌〉はないというが、どうなのか」との問いを設けて、「仏教には〈忌〉ということはない」と答えられています。「忌中」は「喪中」ともいわれ、「喪」は『広辞苑』に、「人の死後、その親族が一定期間、世を避けて家に籠《こ》もり、身を慎むこと」と説明されています。もともとは儒教の風習で、追悼の礼を尽くすという意味であったようです。

また、「忌《い》む」には「けがれを避けて身を浄め慎む」という意味があります。神道では死をけがれとし、近親者が死亡した後、一定期間（服喪）は神社参拝できないという風習があります。儒教でいう「忌中（喪中）」と神道の服喪とが重なり、「忌中（喪中）」が死のけがれを避けて身を慎む期間として受けとめられるので、死をけがれとはしない仏教にはそぐわないということになるでしょう。ちなみに、仏教では煩悩をけがれとします。つまり、自己中心性をけがれとするのです。そこで、この世界は自己中心性のけがれが満ちあふれた世界であるので穢土《えど》といい、阿弥陀仏の世界をはじめとする仏の世界は自己中心性のけがれが全く存在しない世界であるので浄土というのです。

さて、「忌む」という言葉には、たとえば「忌むべき悪習」という使い方のように、「好ましくないものとして嫌う」という意味があります。私の知人から聞いたのですが、その知人の郷里では「忌日」とは「不楽日」だといわれているそうです。親の命日、あるいは親鸞聖人のご命日ぐらいは世間の楽しみを遠ざけて親を想い、あるいは聖人のご恩を感謝しようという意味だと聞きました。

聖人は、お手紙（『註釈版聖典』七三九頁）において、もとは無明の酒に酔って煩悩を好んでいたが、ご本願の薬を好むようになってから徐々に無明の酔いが少しずつ醒《さ》めて煩悩を少しずつ好まなくなるとお述べになっています。普段は世間の楽しみにふけっている私たちですが、世間の楽しみを遠ざけご法義を味わうことを楽しむ時間を持つというのは大切なことではないでしょうか。天親菩薩《てんじんぼさつ》の『浄土論』の冒頭の偈文《げもん》には「仏法《ぶっぽう》の味《あじ》はひを愛楽《あいぎょう》し、禅三昧《ぜんざんまい》を食《じき》となす」（『註釈版聖典（七祖篇）』三〇頁）という二句があります。これは、浄土に生まれた方々のありさまについていわれているのであり、私たちには及びもつかないことなのですが、ご法義を味わい楽しむのは、浄土に生まれた方々に準《じゅん》ずるすがたということもできるでしょう。

浄土真宗で忌中という言葉を使わないのは、死のけがれを避けて身を慎むのはご法義にそぐわないと否定するとの意味であり、御正忌や大遠忌は親鸞聖人のご往生の一月十六日（新暦換算）に向けての数日を毎年の節目とし、ご往生の年から七百五十年目を大きな節目として、世間の楽しみを遠ざけて、親鸞聖人によって明らかにされたご法義を味わい楽しむとの意味であると受け取ってください。

ポイント

死を「忌む」のではなく世間的楽しみをさける

Q 33

どうすれば信じられるか？

浄土真宗では信心がもっとも大事であり、信心とは阿弥陀仏の本願を疑わないことだと聞いています。しかし、どうしても私を救う本願は間違いないと信じ込むことができません。どうすればいいのでしょうか。

A 信とは疑いのない心 自力を離れるのが信

確かにそのような悩みを持っている人は多いですね。まじめにご法義を聞かれる方ほど、悩まれるということかと思います。

親鸞聖人は、確かに「『信』はうたがひなきこころなり」（『註釈版聖典』六九九頁）といわれ、信を無疑心《むぎしん》と示されていますが、その疑心とはどのような心のあり方をいうのでしょうか。

仏教での疑いは本当か本当でないかを決められない心のあり方のことといわれ、一般的な疑いも同様の心のことでしょう。

しかし、親鸞聖人は、たとえば『正像末和讃《しょうぞうまつわさん》』に「疑心《ぎしん》自力《じりき》の行者《ぎょうじゃ》」（『同』六一一頁）、「自力諸善《じりきしょぜん》のひとはみな　仏智《ぶっち》の不思議《ふしぎ》をうたがへば」（『同』）などといわれ、疑心とは自力心であるとお示しになります。『唯信鈔文意《ゆいしんしょうもんい》』では、「本願他力《ほんがんたりき》をたのみて自力《じりき》をはなれたる、これを『唯信《ゆいしん》』といふ」（『同』六九九頁）

といわれ、無疑心であるところの信心は「自力をはなれる」ということなのです。

では、自力心とはどのような心なのでしょうか。すでに、Q13でも述べたのですが、ここで、詳しく説明しましょう。自力について、『一念多念文意《いちねんたねんもんい》』では、「わが身《み》をたのみ、わがこころをたのむ、わが力《ちから》をはげみ、わがさまざまの善根《ぜんごん》をたのむ」（『同』六八八頁）といわれ、「御消息」でも、「わが身《み》をたのみ」（『同』七四六頁）といわれています。『唯信鈔文意』では、自力の心をすてるということについては、「身《み》をたのまず」（『同』七〇七頁）といわれています。そして、『唯信鈔文意』では、信心を「本願他力《ほんがんたりき》をたのみて」といわれています。つまり、疑心（自力心）とは、自分自身を「たのむ」心であり、信心とは本願を「たのむ」心なのです。

「たのむ」という言葉は、蓮如上人の『御文章《ごぶんしょう》』によく出てまいります。現代の語感では、お願いするという意味で理解されるでしょう。現に、江戸時代には『御文章』の言葉を根拠にして、信心とは阿弥陀仏に対して「浄土に生まれさせてください」と一所懸命にお願いすることだとの理解がありましたが、後にこの理解は誤りであると正されました。これは、親鸞聖人・蓮如上人の時代と、江戸時代から現代にかけてとでは「たのむ」の意味が異なることに気がつかないことからの誤りでした。

親鸞聖人・蓮如上人の時代には、「たのむ」は「たよる、まかせる」という意味で使われていました。親鸞聖人は「たのむ」に「大悲《だいひ》の弘誓《ぐぜい》を憑《たの》み」（『同』二九六頁）と「たよる、まかせる」という意味の「憑《ひょう》」という漢字を使っておられ、「御消息」には、「ただ如来《にょらい》の誓願《せいがん》にまかせまゐらせたまふべく候《そうろ》ふ」（『同』七八二頁）、「ただ仏《ぶつ》にまかせまゐらせたまへと、大師聖人《だいししょうにん》（法然）のみことにて候《そうら》へ」（『同』七九八頁）といわれています。

自分の力にたよって浄土に生まれてゆこうという自力心が消滅し、命《いのち》終《お》わって浄土に生まれさせるのは阿弥陀仏のお仕事であるので、私たちがとやかくいう問題ではないと、全面的におまかせする心が他力の信心であり、決して本願は間違いないと信じ込むことではありません。

ポイント

信じ込むことではなく
全面的に仏にまかせる

著者紹介

内藤　知康（ないとう　ともやす）

浄土真宗本願寺派勧学、龍谷大学名誉教授、
福井県三方上中郡若狭町覚成寺住職。

著　書
『親鸞の往生思想』『聖典読解シリーズ5　正信偈』（法藏館）、
『顕浄土真実行文類講読』『顕浄土真実信文類講読』（永田文昌堂）、
『聖典セミナー　一念多念文意』『安心論題を学ぶ』（本願寺出版社）
他。

どうなんだろう？
親鸞聖人の教えQ&A

2019年7月1日　第1刷発行
2019年10月20日　第2刷発行
著者　内藤　知康
発行　本願寺出版社
〒600-8501
京都市下京区堀川通花屋町下ル（西本願寺）
電話 075-371-4171
http://hongwanji-shuppan.com/
編集協力　名子デザイン事務所
印刷　株式会社図書印刷同朋舎

定価はカバーに記載してあります。

BD03-SH2-①01-91　ISBN978-4-86696-002-9